KB116261

뇌과학을 이용한
마음챙김 기반
불안·우울 인지치료 워크북

이상혁 · 박천일 · 김현주 · 허 율 공저

MINDFULNESS–BASED COGNITIVE THERAPY WORKBOOK FOR
ANXIETY AND DEPRESSION USING NEUROSCIENCE

학지사

머리말

　불안이나 우울은 우리가 일상생활에서 쉽게 경험할 수 있는 감정상 태이기 때문에 오히려 치료가 필요한 불안장애나 우울장애에 대한 심 각성이 과소평가되는 경우가 많다. 때로는 극복하려는 의지를 가지면 불안과 우울에서 쉽게 벗어날 수 있다고 믿는 사람들에 의해 환자들이 이차적인 상처를 받기도 한다. 하지만 병적인 수준의 불안 또는 우울을 겪는 환자들은 그로 인해 심리적 고통을 경험하는 것뿐 아니라 인생의 중요한 선택을 포기하게 될 정도로 큰 영향을 받는다. 또한 약물치료를 통해 불안감이나 우울감을 효과적으로 조절할 수 있게 되었으나 불안 장애나 우울장애는 재발이 흔하기 때문에 재발을 막기 위한 지속적인 관리가 필요하다. 이를 위해서는 약물치료와 더불어 재발의 위험신호 들을 미리 알아차릴 수 있도록 여러분의 감정상태를 잘 알고 대처하는 것이 중요하다. 즉, 여러분의 인생에 영향을 주는 새로운 습관들을 익 히고 실천하는 것이다.

　마음챙김(mindfulness)은 명상의 한 가지 방법으로서 '지금 이 순간 에 주의를 집중하여 있는 그대로를 알아차리고 받아들임으로써 현재 의 순간에 가장 적절한 반응이나 행동을 선택할 수 있는 상태'이다. 인지치료(cognitive therapy)는 근거를 바탕으로 왜곡된 생각을 보다 논리적인 생각으로 변화시켜 궁극적으로 행동을 변화시키는 방법이다. 이두 가지 접근법을 접목시킨 마음챙김 기반 인지치료(Mindfulness-Based Cognitive Therapy: MBCT)를 통해 여러분은 스스로의 마음을 알게 되고, 불안감이나 우울감을 알아차리고 받아들이며 보다 나은 행동을 선택하여 스스로를 변화시킬 수 있는 능력을 얻을 수 있다.

저자들은 이 책『뇌과학을 이용한 마음챙김 기반 불안·우울 인지치료 워크북』에서 마음챙김 기반 인지치료에 약 17년 동안 저자들의 임상적인 경험과 객관적인 연구결과를 토대로 뇌과학(neuroscience)을 접목시켰다. 이 책은 마음챙김에 기반한 인지치료와 근거에 기반한 뇌과학적 설명을 결합하여 불안장애, 우울장애에 마음챙김 기반 인지치료를 적용할 때, 여러분의 뇌가 어떻게 변화하여 치료적 효과를 나타내게 되는지를 이해하기 쉽게 풀어내어 동기부여를 하는 데에 도움이 되도록 만들었다. 또한 여러분에게 현재 순간의 경험에 대한 인식을 높이는 여러 방법을 제시함으로써 여러분이 불안감과 우울감에 더욱 잘 대처하는 방법을 익히도록 도와주는 역할을 할 것이다. 이 책을 통해 약 8주 동안 여러분은 인생의 다양한 어려움을 극복할 수 있는 방법들을 배울 수 있다.

여러분이 살아가면서 다양한 어려움을 겪을 수 있지만 이런 상황들에 대해 어떤 반응을 하고 선택을 하는지에 따라서 어려움들이 더 가중될 수도, 더 나아질 수도 있다. 여러분은 이런 상황들에 집중하고, 자동적으로 어떤 반응을 하는지 스스로 알아차리는 훈련을 할 수 있다. 이후엔 지금까지 불안감 및 우울감과 함께 가지고 있었던 왜곡된 사고방식을 이해하여 보다 건강한 행동을 선택하는 방법을 배울 것이다. 이어서 힘든 상황들에 대한 불편한 감정을 수용할 수 있는 훈련을 할 수 있고, 가장 마지막에는 배웠던 새로운 방법들을 익히고 실천하며 지속적으로 관리하는 방법을 익힐 수 있을 것이다.

불안 또는 우울을 유발하게 만드는 자동적인 반응에서 벗어나 다른 방식으로 변화해 나아간다는 것은 생각보다 쉽지 않다. 하지만 『뇌과학을 이용한 마음챙김 기반 불안·우울 인지치료 워크북』을 끝까지 수행한 다면 여러분이 어려운 감정들을 보다 더 잘 조절하고, 더 나은 방법과 행동들을 선택할 수 있는 방법들을 익히게 될 것이라 확신한다. 이책이 앞으로도 여러분과 가족, 또는 치료를 하는 임상가들에게 소중한자료가 될 것이라고 기대한다.

마지막으로, 우연한 기회 혹은 다른 어떤 이유로든 이 책을 집어 읽어주시는 모든 분에게 감사의 말씀을 전한다. 더불어 이 책이 있기까지 함께 고민하고 연구했던 우리 차의과학대학교 CLIMB 연구실의 전공의, 연구원 선생님들과 이 책에 포함된 그림들을 관심과 애정으로 직접 그려 도움을 주신 문지원 선생님에게도 감사의 인사를 전하고 싶다.

차의과학대학교 분당차병원 정신건강의학교실
이상혁, 박천일

들어가기 전에

불안 · 우울장애와 뇌과학을 이용한 마음챙김 기반 인지치료에 관하여

1. 뇌과학을 이용한 마음챙김 기반 인지치료란

최근 마음챙김에 기반한 치료는 여러 정신치료의 다양한 접근 방법 중 하나로, 사회적으로 많은 관심을 받고 있다. 마음챙김 명상은 동양의 위파사나 명상 등을 기반으로 과학적인 증거를 제시하며 발전해 왔다. 마음챙김은 명상의 여러 요소 중 특히 주의 집중(focused attention)과 알아차리기(awareness, open monitoring)라는 두 가지 주요한 기법으로 나눌 수 있다. 그 밖에 부가적인 여러 기법과 더불어 이 두 가지 기술을 향상시킴으로써, 불안과 우울 같은 마음의 상태를 보다 효과적으로 다룰 수 있도록 하고 있다.

초기에 키에사(Chiesa)와 말리노프스키(Malinowski)가 대표적인 마음챙김 명상 프로그램 네 가지를 소개하였다. 그 네 가지는 마음챙김 기반 스트레스 완화(Mindfulness-Based Stress Reduction: MBSR), 마음챙김 기반 인지치료(Mindfulness-Based Cognitive Therapy: MBCT), 변증법적 행동치료(dialectical behavior therapy), 수용 전념치료(acceptance and commitment therapy)이다. 이러한 치료 프로그램은 일반인뿐만 아니라

불안 및 우울 관련 장애에도 적용되고 있다. 그중에서도 특히 마음챙김 기반 인지치료는 전통적인 인지행동치료에 마음챙김을 적용시킨 변형 치료이다. 마음챙김 기반 인지치료는 치료자가 환자의 왜곡된 인지에 반박하고 이를 직접적으로 교정하는 전통적 인지행동치료와 다르며, 치료자가 수용적으로 환자의 자동적인 연상을 받아들이고, 이를 통해 환자 또한 안심하고 자신의 자동적인 인지 패턴을 수용함으로써 교정적인 반응이 일어나게 한다. 하지만 이러한 마음챙김은 책을 통하여 이해하기는 쉽지 않으며 훈련을 통해 경험적으로 습득해 나갈 수 있는 과정이다.

특히 최근에는 마음챙김 명상에 대한 뇌 영상학적 접근을 포함한 생물학적 이해에 관련된 연구가 다수 이루어지고 있다. 마음챙김으로 인해 '주의 집중' 능력이 변화할 것으로 예상되는 것과 관련 있는 뇌 영역인 전대상피질(anterior cingulate cortex)이 많이 연구되고 있다. 종단적 연구에서 마음챙김 명상을 한 그룹이 그렇지 않은 그룹에 비해 전대상피질에서 뇌 활성도가 더 컸다. 또한 마음챙김으로 인해 '알아차림'과 관련되어 변화될 것으로 생각되는 뇌 변화 부위인 내정상태 신경망(default mode network)과 연관된 뇌 부위인 후대상피질(posterior cingulate cortex), 전전두피질(prefrontal cortex) 또한 변할 것으로 예측되었다. 기능적 연결성을 본 횡단적 연구에서 마음챙김 명상을 한 그룹에서 후대상피질의 변화가 나타났다. 전전두엽의 경우 종단적 연구에서 명상을 한 그룹의 활성도 변화가 나타났다. 따라서 최근에는 뇌과학을 이용한 마음챙김 기반 인지치료(Mindfulness-Based Cognitive Therapy using Neuroscience: NMBCT)와 같은 시도들이 필요한 시점이다. 뇌과학적으로 설명을 하다 보면 이 책을 읽는 사람들이 마음챙김 기반 인지치료에 대해서 보다 쉽게 이해하여 이 치료에 대한 동기가 생기는 경험을 할 수 있을 것이다.

2. 이 책은 누구를 위한 것인가

마음챙김 기반 인지치료는 불안 혹은 우울 증상을 가진 사람 및 관련 장애로 고통받는 사람에게 적용되는 프로그램이다. 이 치료는 과도한 걱정(excessive worry)이나 반추(rumination) 등을 경험할 때 떠오르는 병적인 요소들을 환자들이 스스로 알아차리게 하고 그때의 생각은 사실이 아니라고 가르친다. 불안 혹은 우울 증상을 가진 환자들은 불안할 때에는 미래에 대한 막연한 걱정이 두드러지고, 우울할 때에는 과거에 대한 생각을 곱씹는 반추를 두드러지게 경험한다.

불안장애 환자는 중립적인 자극이 주어지더라도 이를 위험으로 해석하고 자동적으로 불안과 관련된 생각이나 감정을 떠올리게 되는 경향이 있는데, 이 자동적인 반응을 마음챙김의 자세로 바라볼 때 자동적인 반응을 알아차리고 객관적으로 바라볼 수 있게 되어 불안에서 멀어질 수 있다. 자신이 과도한 걱정을 했다는 것을 인지적으로 알아차리게 되면서 효과적으로 인지-감정에 대한 대처가 가능하게 된다.

우울장애 환자는 중립적인 자극이 주어지더라도 부정적인 인지, 감정을 자동적으로 갖는 경향이 있는데, 기분이 우울할 때는 이러한 부정적인 생각을 되새기거나 집착하는 경향이 있으며, 역시 마음챙김을 통해 자동적인 반응에서 벗어날 수 있다.

마음챙김 호흡 명상 훈련을 하다 보면, 환자들은 호흡에 집중하지 못하고 마음이 방황하게 되거나, 꼬리에 꼬리를 무는 부정적인 생각의 연상을 경험하게 된다. 이때 치료자는 이러한 자동적인 자신의 걱정 혹은 반추를 알아차리도록 교육하는데, 환자들은 '역시 나는 안 돼' 등과 같은 자신에 대한 질책이나 비난으로 이 마음챙김 과제를 힘들어하는 현상이 생기게 된다. 여기서 치료자가 비판단적으로 자신의 생각은 단순히 생각일 뿐 이때의 생각은 사실이 아니라고 가르치고 다시 현재에 주의를 기울이는 과제에 집중시키며, 이 부정적인 연상이 자연스러운 과정이라고 안심시켜 주면서 이러한 패턴을 수용하고 계속 알아차릴 수 있도록 도와준다. 마음챙김은 치료자가 환자의 인지를 반박하고 이를 직접적으로 교정하게 하는 전통적 인지행동치료와는 다르게 수용적으로 환자의 자동적인 연상을 받아들이며 이를 통해 환자 또한 스스로 안심하고 자신의 자동적 패턴을 수용함으로써 교정적인 반응이 일어나게 한다. 하지만 마음챙김은 책을 통하여 이해하기는 쉽지 않으며 마음챙김 훈련을 통해 경험적으로 습득해 나가는 과정이므로 치료자와 환자 간의 협력이 중요하다.

3. 이 책을 어떻게 활용하는 것이 좋을까

이 책은 총 8주의 마음챙김 훈련과정으로 나뉘어 있으며, 각 주차마다 주제에 따른 뇌과학 이론, 다양한 마음챙김 훈련과 매일 일상생활에서의 마음챙김 훈련을 위한 유인물로 구성되어 있다.

이 책의 내용들은 경미한 불안 혹은 우울 증상을 가진 자에서부터 불안장애 혹은 우울장애를 가진 자, 그들의 가족 또는 치료자들이 총 8주 동안 쉽게 읽을 수 있도록 만들어졌다. 이 책에 담겨 있는 내용들이 불안 혹은 우울 증상을 가진 자들에 대해서 효과적이라는 것은 연구에서 검증되었으나, 개인의 상태와 상황에 따라 조금씩은 다르게 적용될 수도 있다. 하지만 공통적으로 중요한 것은 책을 단순히 읽기만 하는 것보다 마음챙김 연습을 먹기, 걷기, 이 닦기, 운동 등과 같은 매일의 반복되는 일상생활에서 반복적으로 수행하면서 자동적으로 행동하고 집중이나 자각하지 못한 채 지내던 자동반응들로부터 점차 벗어나는 것이다.

　또한 여러분이 이 책의 처음부터 마지막 페이지까지 마음챙김 훈련을 함께하는 것이 좋겠지만 최소 여덟 번 중 여섯 번 이상의 여정만 함께하여도 뇌의 신경가소성이 생길 수 있으며 불안 또는 우울 증상을 완화시키는 데에 충분한 효과를 볼 수 있으니 호기심을 가지고 이 책에 빠져들어 보기를 바란다.

차례

1회기
불안 · 우울 극복을 위한 마음챙김 이해 _ 19

4회기
불편한 감정의 인식 그리고 수용 _ 99

 5회기
허용하기와 내버려 두기 _ 117

6회기

자신을 돌보기 _ 135

7회기

생각이 사실은 아니다 _ 159

8회기
재발방지 _ 175

첫 1회기는 뇌과학적 설명을 포함하여 불안과 우울에 관한 전반적인 정신건강교육으로서 총 8회기 인지치료 프로그램에 대한 동기부여가 되도록 하는 것이 목적입니다.

1. 첫 회기를 시작하며: 인사 및 과거의 경험 공유하기

이 치료 프로그램을 집단을 구성하여 진행할 경우, 참여자들은 첫 회기를 시작하면서 각자 짧은 자기소개를 하게 됩니다. 서로의 이름이 무엇인지, 프로그램에 참여하게 된 동기가 무엇인지, 프로그램을 통한 목표가 무엇인지를 참여자들 앞에서 소개합니다. 집단 치료에 처음 참여하게 되면 어색함을 느낄 수 있고 다른 사람들에게 개인적인 이야기를 꺼내는 것이 불편하게 느껴질 수도 있습니다. 하지만 집단 구성원이 서로를 이해하고 공감하는 과정에서 집단의 응집력(cohesion)이 생기게 된다면, 참여자들끼리 서로 배우고 지지할 수 있는 시스템이 갖추어져 더 큰 치료적 효과를 기대할 수 있습니다.

집단 치료 프로그램의 진행자가 있다면 진행자는 첫 회기에서 여덟 번째 회기까지 주제와 내용을 간단히 소개합니다. 이후 '뇌과학을 이용한 마음챙김 기반 불안·우울 인지치료'의 필요성을 소개하고, 핵심 주제인 집중, 알아차림과 자동조종을 설명합니다. 그다음엔 뿌리 깊은 나무 및 견과류를 이용한 먹기 명상을 통해 '자동조종(automatic pilot)'으로부터 벗어나는 것이 어떤 것인지 경험해 보도록 합니다.

자신에 대해 소개하기

1. 이름: _____

2. 경험했던 증상

① 어떤 증상을 경험했는지

_____

② 증상을 경험하기 전 어떤 스트레스 상황에 처해 있었는지

_____

③ 증상을 나아지게 하거나 나빠지게 한 행동

_____

④ 증상이 심할 때 떠오른 생각

_____

⑤ 결국엔 어떻게 되었는지

_____

3. 치료 프로그램에 참여하게 된 이유:

_____

_____

4. 이 프로그램을 통해 자신에게 어떤 변화가 나타나길 바라는지:

_____

_____

2. 배경: 스트레스와 불안, 우울의 관계

혼히 '스트레스(stress)'라는 표현은 스트레스를 유발하는 원인인 '스트레스 요인(stressor)'과 혼동되기도 합니다. 스트레스 요인은 가족의 죽음, 금전적 손해, 미래에 대한 걱정 등과 같이 스트레스를 유발할 수 있는 내적·외적 상황을 의미합니다. 이와 같은 내·외부적 자극이나 변화(스트레스 요인)에 의해 나타나는 개인의 신체적·정신적·행동적 반응 또는 적응을 스트레스라고 정의할 수 있습니다. 스트레스는 싸우느냐 아니면 피하느냐, 즉 투쟁-도피(fight or flight) 반응으로 설명되기도 합니다. 당장 눈앞에 호랑이 같은 무서운 존재가 나타났다고 상상해 봅시다. 이때 호랑이와 싸우거나 피해야만 살아남을 수 있기 때문에 우리의 몸은 자동적으로 반응하게 되는데, 심장이 빨리 뛰고, 호흡은 가빠지고, 근육은 긴장하게 됩니다. 이와 같이 나타나는 반응을 스트레스라고 이해해 볼 수 있습니다. 안전한 상태가 되었다고 생각되기 전까지는 스트레스가 지속될 수 있습니다. 우리가 실제로 무서운 호랑이를 마주할 일은 없겠지만 직장 내에서의 괴롭힘, 무서운 상사, 연인과의 이별, 부부관계의 마찰 등이 스트레스 요인이 되고, 이로 인해 나타나는 괴로운 반응이나 불안감 등이 스트레스라고 할 수 있습니다.

그렇다면 스트레스가 없는 사람이 건강할까요? 꼭 그런 것만은 아닙니다. 과도한 스트레스가 건강을 해칠 수 있는 것은 사실이지만, 지나치게 스트레스를 회피해서 스트레스가 제한된다면 오히려 능력 수준이 낮아지고, 질병에 노출되기 쉽습니다. 따라서 적당한 스트레스는 건강을 유지하기 위해 반드시 필요하다고 할 수 있습니다.

부정적인 사건에 의해서 나타나는 반응만 스트레스라고 생각하기 쉬운데, 긍정적인 상황의 변화 속에서도 우리는 기분 좋은 긴장과 더불어 흥분하며 떨리는 반응을 경험합니다. 즉, 우리가 경험하는 '좋은 일' 역시 스트레스 반응을 유발할 수 있는 것입니다. 이러한 긍정적 스트레스를 유스트레스(eustress)라고 하며, 부정적 스트레스를 디스트레스(distress)라고 합니다. 흔히 직장에서 진급을 하거나, 연애, 결혼 등 긍정적인 상황에 대한 반응이 유스트레스의 예가 될 수 있습니다. 반대로 실직, 가족과의 사별, 이혼과 같은 부정적 결과를 일으키는 상황에서 나타나는 반응을 디스트레스라고 할 수 있습니다.

여기서 중요한 점은, 동일한 스트레스 요인을 경험하였을 때 우리가 그에 어떻게 반응하는가에 따라 유스트레스 또는 디스트레스로 다르게 나타날 수 있다는 것입니다. 또한 고통스러운 스트레스 상황에 처했을 때 그 상황을 잘 해결해 내어 자신감을 얻게 된다면 이는 유스트레스의 예가 될 수 있습니다. 반대로 고통을 이겨 내지 못하고, 그 생각과 감정에 빠져서 헤어 나오지 못하는 경우라면 이는 디스트레스에 해당한다고 할 수 있습니다.

불안과 우울에 쉽게 빠질 수 있는 특성을 가진 사람들은 디스트레스에 의해 우울과 불안이 쉽게 생기거나 악화될 수 있습니다. 예를 들어, 급한 성격을 가진 사람은 빠르게 일을 처리해서 상사에게 인정받고 높은 성취를 보이기도 합니다. 하지만 생각한 대로 일 처리가 되지 않으면 그 상황을 견디지 못하고 스스로 무능력하다고 자책하게 되어 불안과 우울에 빠질 수도 있습니다.

마음챙김은 스트레스 요인을 경험하였을 때 지혜롭게 대처하고 극복할 수 있는 방법이 될 수 있습니다. 스트레스 요인을 중립적이고 객관적으로 바라보는 연습을 통해 불안과 우울에 빠지지 않도록 도와줍니다. 더 나아가 긍정적으로 바라보는 연습을 통해 정신적으로 성장할 수 있도록 도와줍니다.

3. 부정편향

스트레스를 받은 경험은 우리의 기억에 정말 쉽게 각인되는 경향이 있는데 이를 뇌의 부정편향(negative bias)이라고 합니다. 이것은 먼 옛날 인류가 생존하기 위해서 만들어 놓은 뇌의 기억저장 양식입니다. 즉, 오늘 먹기로 한 '당근'을 구하지 못하면 배가 고프더라도 내일이면 다시 구할 기회가 옵니다. 반면, 오늘 더 강한 존재에게 죽게 되면 당근은 영원히 구할 수 없게 됩니다. 이와 같은 배경에 의해 오늘 당근을 구하지 못하더라도 위험에 노출되는 '채찍'을 피하는 패턴이 인간의 뇌에 각인 되었습니다. 인간뿐 아니라 동물들도 먹이가 있는 장소를 따라 이동할 때에 자신의 생존을 위협하는 존재를 피하기 위한 기억이 더욱 강하게 작용하게 되어 있습니다. 따라서 우리는 스트레스를 유발하는 부정적인 경험들을 더 잘 기억하게 되고 이를 회피하기 위해서 노력하는 경향을 갖게 됩니다. 결국 매일 경험하는 중립적 혹은 긍정적 순간에 주의를 기울이기보다, 무섭거나 힘든 부정적 순간에 주의를 기울이게 되기 쉽습니다. 부정적인 순간을 생생하게 기억하게 되고, 불안과 우울한 기분을 경험하게 되는 것이지요.

4. 불안과 우울의 특성: 과유불급

불안은 모든 사람이 경험하는 보편적이면서 자연스러운 감정입니다. 적당한 수준의 불안이 있어야 공부를 할 때 집중도 잘 되고, 운동 경기, 직장에서도 더 좋은 성과를 거둘 수 있기 때문입니다.

하지만 자율신경계에서 교감신경계가 과잉으로 항진되어 있는 경우에는 사소한 불안이 매우 심각한 상태인 것처럼 잘못 인식될 수 있습니다. 이처럼 불안반응이 강화되어 필요 이상으로 불안해지거나, 심지어 아무런 자극이 없음에도 불안이 나타나는 상태를 병적 불안이라 부릅니다. 병적 불안은 공부의 효율을 떨어뜨리거나, 운동 경기 또는 업무 중에 집중력 저하 및 혼란을 일으키게 되어 성과를 이루는 데에 방해가 됩니다. 병적 불안이 지속되어 사회적·직업적 또는 다른 중요한 기능이 저하되고 임상적으로 현저한 고통이나 손상을 초래하는 경우 불안장애를 진단할 수 있습니다.

불안장애 환자들은 광장공포증, 신체감각에 예민해지는 증상, 우울감 등으로 인하여 일상생활에서의 다양한 신체활동들(예: 계단 오르기,

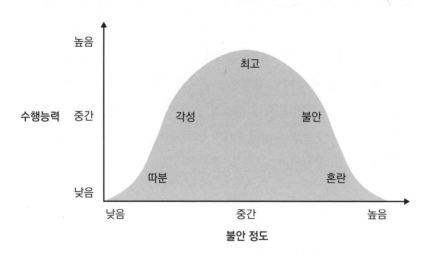

그림 1-1　불안 정도에 따른 수행능력의 차이

출처: Yerkes & Dodson (1908).

쇼핑하기, 산책하기, 달리기 등)에 어려움을 겪거나 외출을 하지 못하게 되기도 합니다. 특히 여성 공황장애 환자는 남성 환자보다 일상생활에서의 어려움을 더 빈번하게 경험할 수 있다고 알려져 있습니다.

한편, 정상적인 기분의 변화로서 일시적으로 우울감을 느끼는 것은 일상생활에 큰 문제가 되지 않으며, 때로는 우울감을 느끼는 것도 필요할 수 있습니다. 하지만 우울감이 병적인 상태로 과도한 경우에는 반추가 심해지거나 부정적인 사고, 의욕의 저하, 식욕이나 신체활동의 변화 등 전반적인 정신 기능의 저하가 나타나 일상생활에서 현저한 고통이나 손상을 초래하는 경우 오히려 자신을 더욱더 힘들게 할 수 있습니다.

1) 공황발작과 자율신경계(교감신경계와 부교감신경계): 교감 신경의 과잉 항진

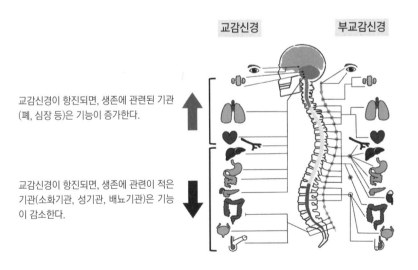

교감신경

부교감신경

교감신경이 항진되면, 생존에 관련된 기관 (폐, 심장 등)은 기능이 증가한다.

교감신경이 항진되면, 생존에 관련이 적은 기관(소화기관, 성기관, 배뇨기관)은 기능이 감소한다.

그림 1-2 자율신경계(교감신경계와 부교감신경계)

출처: McCorry (2007).

2) 불안 증상

- 어지러움, 두통, 목에 뭔가 걸린 느낌, 뒷목이 뻣뻣함
- 가슴이 뜀, 숨이 참, 과호흡, 소화 불량, 메스꺼움, 뜨거운 기운이 느껴짐
- 신체적으로 예민, 손발 저림, 손발 떨림, 추웠다 더웠다 함

3) 우울 증상

- 지속적으로 우울한 기분을 느낌, 흥미 및 즐거움을 상실함
- 체중 감소나 증가, 식욕 감소나 증가
- 반복적인 죽음에 관한 생각 또는 자살을 계획하고 시행함

5. 불안장애 및 우울장애의 진단기준

불안장애는 극도의 공포, 불안 및 이와 관련된 행동장애의 특징을 지닌 질환으로, 공황장애, 광장공포증, 특정공포증, 범불안장애, 사회불안장애 등이 있습니다. 공포(fear)는 즉각적인 위험에 대한 반응으로, 자율신경계의 각성과 위험이라고 생각하는 상황으로부터 도피하려는 행동과 연관되어 있습니다. 반면, 불안(anxiety)은 미래에 나타날 것으로 예상되는 위험에 대한 준비 혹은 회피 행동과 연관되어 있으며 과잉 각성 및 근육의 긴장을 일으킬 수 있습니다. 공황발작은 공포 반응의 특징적인 형태로서 불안장애뿐 아니라 우울장애와 같은 다른 정신질환에서도 흔하게 동반되기도 합니다.

누구나 우울한 기분을 경험할 수 있지만 대체로 일시적으로 나타났다가 저절로 회복되곤 합니다. 그러나 병적인 우울(depression) 상태에서는 기분 저하가 수일 이상 지속되는 경향을 보이고, 기분 저하뿐 아니라 생각의 내용이나 흐름, 동기, 의욕, 관심, 행동, 수면, 신체활동 등 전반적인 정신 기능의 저하가 동반됩니다. 이와 같은 병적인 우울 상태가 지속되는 시기가 정신건강의학과 전문의에 의해 진단될 때 우울 삽화(depressive episode)라고 부르게 됩니다. 다음은 대표적인 불안장애 및 우울장애의 진단기준입니다(APA, 2013).

1) 공황장애(panic disorder)

☆ 공황장애의 진단기준(DSM-5)

✓ 공황장애의 진단기준(DSM-5): 다음 두 조건을 모두 만족하여야 한다.
  1) 반복적으로 예상하지 못한 공황발작이 있다.
  2) 1회 이상의 공황발작 이후에 약 1개월 이상 다음과 같은 상황들 중 한 가지 이상의 조건을 만족해야 한다.
  • 다음에 또다시 발작이 생길까 또는 공황발작의 결과(예: 통제를 잃음, 심장발작을 일으킴, 미치는 것)에 대해서 지속적으로 걱정함
  • 발작과 관련하여 행동의 의미 있는 변화가 생김(예: 공황발작을 회피하기 위한 행동으로 운동이나 익숙하지 않은 환경을 회피)

✓ 공황발작(panic attack)
  1) 첫 공황발작은 피곤, 흥분, 성행위, 감정적 외상 등이 있었던 후에 오기도 하나 거의 완전히 자연스럽게 나타나기도 한다.
  2) 비교적 순식간에 악화되는 형태로 시작되고, 일반적으로 10~20분간 지속되다 증상이 소실된다.

✒ 공황발작의 진단기준(DSM-5)

극심한 공포와 고통이 갑작스럽게 발생하여 수 분 이내에 최고조에 이르러야 하며, 그 시간 동안 다음 중 네 가지 이상의 증상이 나타난다. 갑작스러운 증상의 발생은 차분한 상태나 불안한 상태에서 모두 나타날 수 있다.

가슴이 두근거림	어지러움
땀	비현실적인 느낌이나 자신이 딴 사람처럼 느껴짐
몸이 떨림	미칠 것 같은 느낌이나 자제력을 잃을 것 같은 두려움
호흡이 가쁨, 숨쉬기 곤란함	죽을 것 같은 두려움
숨이 막히는 느낌	이상 감각(저린 감각)
가슴의 통증이나 불편함	춥거나 열이 확 오르는 느낌
구역질이나 복부 불편감	

2) 광장공포증(agoraphobia)

✒ 광장공포증의 진단기준(DSM-5)

1. 다음 다섯 가지 상황 중 두 가지 이상의 경우에서 극심한 공포 또는 불안을 느낀다.
   1) 대중교통을 이용할 때(예: 자동차, 버스, 기차, 배, 비행기 등)
   2) 열린 공간에 있을 때(예: 주차장, 시장, 다리 등)
   3) 밀폐된 공간에 있을 때(예: 가게, 영화관, 공연장 등)
   4) 줄을 서 있거나 사람이 많은 곳에 있을 때
   5) 집 밖에서 혼자 있을 때

2. 공황 유사 증상이 발생했을 때 그 상황에서 벗어나기 어려울 것이라는 생각 때문에 그런 상황을 두려워하고 피한다.

3. 공포, 불안, 회피 반응은 전형적으로 6개월 이상 지속된다.

4. 공포, 불안, 회피가 사회적·직업적 또는 다른 중요한 기능 영역에서 임상적으로 현저한 고통이나 손상을 초래한다.

5. 만약 다른 의학적 상태가 동반된다면 공포, 불안, 회피 반응이 명백히 지나쳐야 한다.

6. 공포, 불안, 회피가 다른 정신질환으로 더 잘 설명되지 않는다.

3) 범불안장애(generalized anxiety disorder)

✦ 범불안장애의 진단기준(DSM-5)

1. 수많은 일상 활동에 있어서 과다한 불안과 걱정이 적어도 6개월 이상 지속된다.

2. 스스로 걱정을 조절하기가 어렵다고 느낀다.

3. 불안과 걱정은 다음 여섯 가지 증상 중 적어도 세 가지 이상의 증상과 관련이 있다(지난 6개월 동안 적어도 몇 가지 증상이 있는 날이 없는 날보다 더 많다).
   1) 안절부절못하거나 낭떠러지 끝에 서 있는 느낌
   2) 쉽게 피곤해짐
   3) 집중하기 힘들거나 머릿속이 하얗게 됨
   4) 과민성
   5) 근육의 긴장
   6) 수면 장해(잠들기 어렵거나 유지가 어렵거나 밤새 뒤척이면서 불만족스러운 수면 상태)

4. 불안이나 걱정, 신체 증상이 사회적·직업적 또는 다른 중요한 기능 영역에서 임상적으로 현저한 고통이나 손상을 초래한다.

5. 장해가 물질의 생리적 효과나 다른 의학적 상태로 인한 것이 아니다.

6. 장해가 다른 정신질환으로 더 잘 설명되지 않는다.

4) 주요우울장애(major depressive disorder)

✎ 주요우울장애의 진단기준(DSM-5)

1. 다음의 증상 가운데 다섯 가지(또는 그 이상)의 증상이 2주 연속으로 지속되며 이전의 기능 상태와 비교할 때 변화를 보이는 경우, 증상 가운데 적어도 하나는 ① 우울 기분이거나 ② 흥미나 즐거움의 상실이어야 한다.

   1) 하루 중 대부분 그리고 거의 매일 지속되는 우울 기분에 대해 주관적으로 보고하거나 객관적으로 관찰됨

   2) 거의 매일, 하루 중 대부분, 거의 또는 모든 일상 활동에 대해 흥미나 즐거움이 뚜렷하게 저하됨

   3) 체중 조절을 하고 있지 않은 상태에서 의미 있는 체중의 감소나 체중의 증가, 거의 매일 나타나는 식욕의 감소나 증가가 있음

   4) 거의 매일 나타나는 불면이나 과다수면

   5) 거의 매일 나타나는 정신운동 초조나 지연

   6) 거의 매일 나타나는 피로나 활력의 상실

   7) 거의 매일 무가치감 또는 과도하거나 부적절한 죄책감을 느낌

   8) 거의 매일 나타나는 사고력이나 집중력의 감소 또는 우유부단함

   9) 반복적인 죽음에 대한 생각, 구체적인 계획 없이 반복되는 자살 사고, 또는 자살 시도나 자살 수행에 대한 구체적인 계획

2. 증상이 사회적 · 직업적, 또는 다른 중요한 기능 영역에서 임상적으로 현저한 고통이나 손상을 초래한다.

3. 삽화가 물질의 생리적 효과나 다른 의학적 상태로 인한 것이 아니다.

4. 주요우울 삽화가 조현정동장애, 조현병, 조현양상장애, 망상장애, 달리 명시된, 또는 명시되지 않는 조현병 스펙트럼 및 기타 정신병적 장애로 더 잘 설명되지 않는다.

5. 조증 삽화 또는 경조증 삽화가 존재한 적이 없다.

6. 불안장애 및 우울장애의 약물치료[1]

1) 항우울제에 대한 간략한 요약

세로토닌, 노르에피네프린, 도파민 작용 약물(통상 항우울제)		
선택적 세로토닌 재흡수 차단제(SSRIs)	약물	에스시탈로프람, 파록세틴, 플루옥세틴, 설트랄린 등
	장점	우울, 불안, 강박 등 증상의 완화
	부작용	두통, 위장 장애, 복용 초기 불안 악화 등
세로토닌 노르에피네프린 재흡수 차단제(SNRIs)	약물	벤라팍신, 데스벤라팍신, 둘록세틴 등
	장점	우울, 불안, 강박 등 증상의 완화
	부작용	위장 장애, 현기증, 기면 등
기타	약물	아리피프라졸, 퀘티아핀, 올란자핀, 리스페리돈, 보티옥세틴 등
	부작용	현기증, 기면, 체중 증가, 기립성 저혈압, 추체외로 부작용 등

2) 항불안제에 대한 간략한 요약

벤조디아제핀계(통상 항불안제)		
벤조디아제핀계	약물	• 알프라졸람(자낙스, 자나팜 등) • 클로나제팜(리보트릴 등) • 디아제팜(바리움 등)
	장점	단기간의 불안 완화
	단점	• 갑자기 중단하는 경우 금단 증상 가능 • 공황발작을 줄이지만 예방 효과는 없음
	부작용	졸림, 신체 조절 능력 상실, 기억력 장애 등

---

1) 이 부분은 '대한신경정신의학회(2017). 신경정신의학(제3판). 서울: 아이엠이즈컴퍼니.'
   의 Chapter 31, 약물치료 및 물리적 치료법, pp. 789-846을 참조하여 작성하였습니다.

7. 불안장애 및 우울장애의 자연적 경과 및 후유증

1) 자연적 경과

- 치료받지 않는다면 대개 만성적인 경과를 밟지만, 약물만 꾸준히 복용해도 증상의 호전을 보이는 경우가 많습니다. 하지만 복용 중이던 약물을 끊거나 치료를 중단하면 재발하는 경우가 많으며 재발이 반복될 경우 만성적인 경과를 밟게 되는 경우가 빈번합니다. 따라서 꾸준히 약물을 복용하는 것이 중요하다고 할 수 있겠습니다. 어떠한 이유로든 세 번 이상 재발을 경험한 경우라면 지속적으로 약물치료를 잘 받아야 합니다.
- 일부 사람에서는 수년간 재발이 없는 증상의 완전 관해가 오기도 합니다.
- 공황장애나 다른 불안장애의 경우는 약물치료만 받거나 인지행동치료만 받는 경우에 치료에 대한 반응이 40% 정도에서 나타나지만, 약물치료와 인지행동치료를 동시에 병행할 때 치료 반응률이 70~80%로 높아집니다. 또한 재발의 위험성도 더 낮출 수 있기 때문에 약물치료와 인지행동치료를 병행하는 것이 좋습니다.

2) 후유증

- 약물남용(술, 신경안정제, 마약), 자살

8. 불안장애 및 우울장애의 마음챙김 기반 인지치료

미국 메사추세츠 대학교의 존 카밧진(Jon Kabat-Zinn) 박사에 의해 1979년 창안된 마음챙김 기반 스트레스 완화(Mindfulness-Based Stress Reduction: MBSR)를 인지치료 영역으로 도입한 것이 마음챙김 기반 인지치료(Mindfulness-Based Cognitive Therapy: MBCT)입니다. 1980년대에 새로운 항우울제 및 항불안제의 개발로 인해 마음의 고통을 일으키는 정서장애에는 약물이 최우선 치료법으로 각광받게 되었습니다. 하지만 장기간 유지치료가 필요한 질병의 특성상 약물 외 치료법에 대한 요구가 많았습니다. MBCT는 약물치료와 병행될 때 불안장애 혹은 우울장애를 치료하거나 재발을 막을 수 있고 동반될 수 있는 불면증의 치료에 가장 효과적입니다. 또한 통증, 천식, 역류성식도염, 신경성위염, 과민성대장증후군 등과 같은 정신신체질환의 증상 경감에도 효과적일 수 있습니다.

여기서 마음챙김(mindfulness)은 의도적으로, 현재 순간에, 판단하지 않고, 있는 그대로 주의를 기울이며, 현재 일어나는 것에 대한 알아차림입니다 (Kabat-Zinn, 1982). 다른 말로는 거리 두기, 즉 탈중심화(decentering)라고도 할 수 있는데, 이는 '한 발짝 물러서는 것(stepping away from)'입니다. 즉, 넓은 의미로는 모든 경험에 대해서 허용하고(allowing) 환영하는(welcoming) 태도로 받아들이는 것이라고 할 수 있습니다.

미국의 신경과학자 폴 맥린(Paul MacLean)은 '삼위일체 뇌(Triune Brain)' 이론을 소개했습니다. 뇌는 크게 숨(호흡)과 체온 조절 등을 담당하는 파충류 뇌, 감정에 지배를 받는 변연계가 있는 낮은 단계의 포유류 뇌(고양이 뇌), 고차원적인 이성을 발휘하는 높은 단계의 영장류

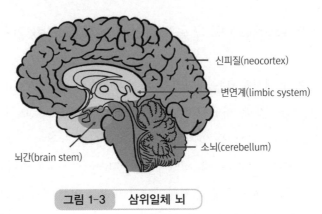

신피질(neocortex)

변연계(limbic system)

소뇌(cerebellum)

뇌간(brain stem)

그림 1-3   삼위일체 뇌

출처: MacLean (1990).

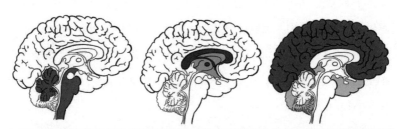

파충류 뇌	포유류 뇌(고양이 뇌)	영장류 뇌
• 뇌간과 소뇌 • 인간의 공격적 행위나 정형화된 의식 행위	• 변연계: 편도, 시상하부, 해마 • 감정(emotions), 기억(memories), 습관(habits) • 의사결정(decisions)	• 신피질 • 언어(language), 추상적 사고(abstract thought), 상상(imagination), 의식화(consciousness) • 논리적(reasoning) · 합리적(rational) 사고

그림 1-4   삼위일체 뇌 이론에 따른 각 부위의 뇌 기능

출처: MacLean (1990).

뇌 등 3개로 나눌 수 있습니다([그림 1-4] 참조).

판단, 결정 등은 주로 고위 뇌로 이루어질 것 같지만 실제로는 낮은 단계의 포유류 뇌(고양이 뇌)에 의해서 좌우되며, 감정적으로 이루어지는 것이 대부분입니다. 감정은 주로 이전 경험들로 이루어지는 알고리듬 같은 것들이기 때문에 편향된 기억을 일으키고 현재의 일을 있는 그대로 보지 못하고 의미부여를 하여 잘못된 판단을 하기 쉽습니다. 이에 따라 부정편향이 더 두드러지고 미래에 대한 불안감에 휩싸이게 됩니다. 흔히 사람들은 나 자신이 이런 부분은 예민하다고 하면서, 이유는 자신만의 나쁜 기억이 있어서 그렇다고 회피하고, 힘들다고 얘기합니다. 그럴 수 있습니다.

마음챙김을 통해 과거의 기억과 감정으로부터 벗어나, 의미부여하거나 판단하지 말고, 또 미래에 대한 걱정으로부터 벗어나서 현재의 순간순간을 알아차리고 있는 그대로를 바라보면 인지적 유연함(cognitive flexibility)을 키울 수 있습니다. 인지적 유연함은 부정편향에 빠져 있는 자신을 발견하면서 현재 순간순간의 긍정성을 회복할 수 있습니다.

9. 마음챙김 신경과학

1) 신경가소성에 대한 이해

신경가소성(neuroplasticity)이란 뇌가 변할 수 있다는 개념으로, 성장과 재조직을 통해 뇌가 스스로 신경회로를 바꾸는 신경계의 적응(neural adaption) 과정입니다. 실천할수록 강화되는 우리의 뇌는 체계

적이고 꾸준한 마음챙김 명상을 통해서 새로운 시냅스[2]를 형성하여 신
경회로를 만드는 신경계의 적응과정을 가질 수 있게 됩니다([그림 1-5]
참조).

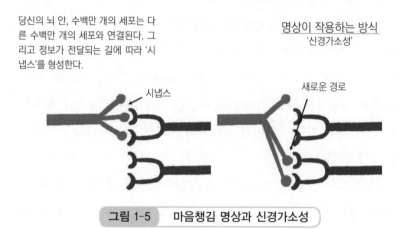

당신의 뇌 안, 수백만 개의 세포는 다
른 수백만 개의 세포와 연결된다. 그
리고 정보가 전달되는 길에 따라 '시
냅스'를 형성한다.

명상이 작용하는 방식
'신경가소성'

시냅스

새로운 경로

| 그림 1-5 | 마음챙김 명상과 신경가소성

출처: Davidson & McEwen (2012).

　최근에는 객관적인 근거들을 바탕으로 하는 신경과학을 이용한 마
음챙김 기반 인지치료에 관한 연구들이 활발해지고 있습니다. 선행 연
구들에서 마음챙김 명상이 특히 뇌의 섬엽(insula), 전전두엽(prefrontal
lobe), 전대상피질(anterior cingulate cortex)을 포함하는 부위들을 활성화
시키는 것을 확인하였습니다([그림 1-6] 참조).

---

2) 시냅스란 다른 말로 '신경세포 접합부'를 의미하는데, '신경세포'와 '신경세포'가 이어지
　는 부분의 공간을 시냅스라고 합니다. 의학적인 설명으로는 신경세포의 축삭의 끝 부분
　에서 신경전달물질이 그다음 신경세포의 돌기로 이어지는 틈(cleft)을 의미하는데, 바로
　이 미세한 공간에서 신경전달물질을 통해 정보전달이 이어집니다. 뇌에는 약 1000억 개
　의 신경세포가 존재하고 여기에는 수백 조 이상의 시냅스가 포함됩니다.

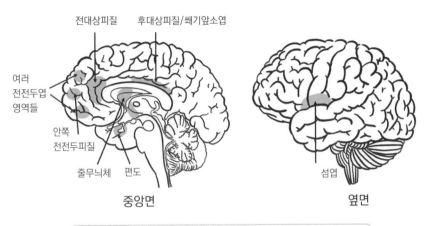

전대상피질   후대상피질/쐐기앞소엽

여러
전전두엽
영역들

안쪽
전전두피질

줄무늬체   편도

중앙면

섬엽

옆면

그림 1-6   마음챙김 명상과 연관된 신경해부학적 영역들

출처: Tang, Hölzel, & Posner (2015).

10. 마음챙김 명상으로 뇌를 바꾸기 1

과도한 병적인 불안 상태는 편도의 장애인데, 즉 편도가 불필요한 수준으로 과도하게 활동하는(과활성) 상태라고 할 수 있습니다. 하지만 규칙적으로 마음챙김 명상을 지속하게 된다면 과활성화된 편도에 대한 하향식(top-down) 지배력이 증가하면서 과활성화되는 정도가 점차 감

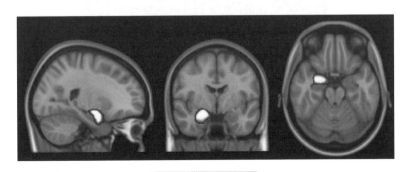

그림 1-7   편도

소하게 됩니다. 타렌 등(Taren et al., 2015)은 마음챙김 명상을 오래 수행한 사람일수록 편도체(amygdala)의 활성도가 감소함을 보고하기도 하였습니다.

마음챙김 명상을 규칙적으로 지속하게 되면 주의력을 한곳에 집중하거나 넓게 분산시키는 능력이 배양될 수 있고, 이와 연계된 영역이 전전두피질과 전대상피질입니다. 이 부위는 편도를 직접적으로 조절하여 편도의 과활성화를 줄이게 됩니다.

마지막으로, 마음챙김 명상 중 신체 자각 훈련을 통해 체성감각영역과 섬엽의 기능 및 구조적 증진을 도울 수 있습니다. 즉, 이러한 기능의 향상을 통해서 스트레스에 대한 자신의 신체 반응과 같은 것을 빠르게 알아차리며 타인에 대한 공감능력 향상을 통해 타인과의 관계를 밀접하게 유지하는 데 도움을 받을 수 있고 행복감도 향상될 수 있습니다.

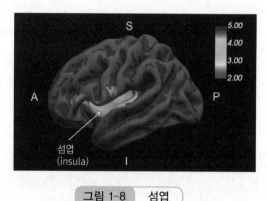

그림 1-8   섬엽

주: A(Anterior, 앞쪽), S(Superior, 위쪽), P(Posterior, 뒤쪽), I(Inferior, 아래쪽)

11. 마음챙김 명상으로 뇌를 바꾸기 2

시상(thalamus)은 뇌의 중앙에 위치하여, 외부의 감각 정보를 처리한 뒤 대뇌 피질로 전달하는 역할을 합니다. 스트레스에 취약한 사람은 감각 정보가 시상을 거치지 않은, 즉 생각하지 않은 반응이 일어나면서 공황발작을 보이는 경우가 많습니다. 우리는 보편적으로 외부에서 들어오는 감각 정보가 뇌의 시상을 통해 전전두엽으로 제대로 전달되어야 '사고하는 반응'이 일어납니다. 즉, 이 사고하는 '반응'을 조절해서 불안을 잘 다루고 극복할 수 있다는 의미이기도 합니다.

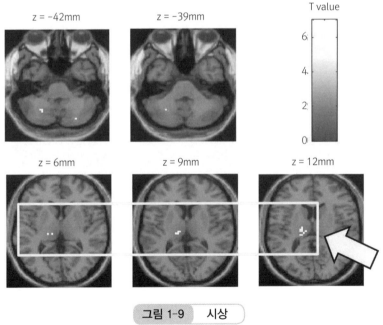

그림 1-9   시상

주: z 위치에 따른 자기공명영상 장치를 이용한 머리 횡단면 사진들. T 값이 클수록 해당 영역의 뇌 용적 증가와 불안의 감소가 연관성이 더 강함을 나타냅니다.
출처: 김재진 외(2007).

책에서 설명해 드리는 뇌과학을 바탕으로 다음의 마음챙김 명상 스크립트를 통해 명상을 해 봅니다. '명상을 잘 해야지'라는 부담도 내려두고 그저 스크립트를 따라가며 시작해 보십시오. 앞으로 이 책에서 다양한 마음챙김 명상 스크립트가 제시될 것입니다.

1) 마음챙김 명상 1

(1) 뿌리 깊은 나무 명상

> "뿌리 깊은 나무는 바람에 흔들리지 않으니
> 꽃이 아름답고 훌륭하며, 열매가 많습니다."
> -『용비어천가』

눈을 감습니다. 호흡의 느낌에 주의를 두어 보세요. 공기가 코를 통해 목구멍을 타고 내려와 폐로 들어갑니다. 호흡을 천천히 들이마시고 내쉬고 지금 여기서 숨 쉬고 있음을 느끼세요. 이 몸으로, 이 장소에서, 자신의 아래에 있는 땅이 안전하게 받쳐 주고 같이 호흡하고 있음을 알아차려 봅니다. 자신이 나무가 되어 어떤 안정된 느낌, 자신이 굳건히 뿌리를 내리는 상상을 해 봅니다. 의식의 초점을 굳건히 뿌리 깊게 내린 느낌의 면면들에 두고 집중합니다. 집중이 흐트러지고 다른 생각이 떠오른다면 괜찮습니다. 다시 그것을 알아차리시고 돌아오시면 됩니다. 비난이나 판단은 하지 마십시오.

이어지는 호흡과 함께, 뿌리 깊은 느낌으로 최대한 함께해 봅니다. 바닥에 발을 대면서, 그 아래 대지를 느끼며 '이곳은 나의 장소이다, 내가 여기 있음에 어떤 문제도 없다.' 같은 생각을 떠올려 봅니다. 뿌리 깊은 느낌과 관련된 감정을 의식해 봅니다. 안정감, 안심, 확고함. 뿌리박은 느낌과 관련된 욕망들을 의식해 봅니다. 그것을 좋아함 또는 그것을 더 자주 느끼고 싶은 의도, 뿌리를 박는 느낌의 새로운 면도 알아차려 봅니다. 느낌은 그저 자신의 느낌이면 됩니다. 혹시 잘하고 있나? 다른 것이 있나 생각이 떠오른다면 알아차리시고 그저 호흡과 깊이 뿌리내리는 느낌에 집중하십시오. 호흡을 하면서 앞으로 명상에 뿌리내리는 느낌을 가지세요.

그림 1-10   뿌리 깊은 나무 1

그림 1-11   뿌리 깊은 나무 2

2) 마음챙김 명상 2

(1) 자동항법장치, 자동조종

운전할 때, 비행기의 자동항법장치와 같이 익숙한 길에서 다른 생각을 하면서 자동적으로 운전하는 경우가 있습니다. 자신이 익숙한 대로 깨닫지 못하는 사이에 집에 와 버리는 것입니다. 또한 우리는 TV, 신문, 스마트폰을 보면서 음식을 먹거나, 다른 사람들과 담소를 나누면서 음식을 먹는 동안 자신이 무엇을 어떻게 먹고 있는지, 음식의 맛은 어떤지 제대로 알아차리지 못하고 식사를 마치게 되기도 합니다. 그리고 불안장애 환자들은 실제 무슨 일이 일어나는지 자각하지 못한 채 가슴이 두근거리거나 답답하면 죽을 것 같다는 생각을 합니다. 이러한 사례들처럼 많은 사람이 일상생활에서 종종 무엇을 하고 있는지 전혀 알아채지 못한 채 익숙한 방식으로 행동하는 자동조종(automatic pilot) 상태에 있습니다.

마음챙김 명상을 통해서 자동적으로 반응하기보다 판단하지 않고, 있는 그대로를 받아들이고, 바라보고, 흘려보내면서 다르게 반응할 수 있도록 해 봅니다. 우리의 마음이 자동조종 상태로 들어가, 우리가 자각하지 못하고 있을 때 마음챙김을 통해 의도적으로 주의를 기울이며, 이를 알아차리고 바라보며, 주의를 돌리는 것입니다. 자동조종에서 벗어나 내가 나를 바라보게 해 주는 연습이 견과류 명상입니다.

(2) 먹기 명상(견과류 명상)

- 마음에 드는 견과류를 하나 준비하십시오.
- 호흡을 합니다. 숨을 들이마시고 내쉬면서 뿌리박힌 느낌을 다시 한번 불러 옵니다.
- 이제, 이 견과류에 집중합니다. 이것을 전에는 한 번도 본 적이 없다고 상상 해 보십시오(다르게 보기).
- 견과류 한 알을 집어서 당신의 손바닥에 올려놓으십시오.
- 그것에 주의를 두고 집중하십시오(집중).
- 손가락 사이로 뒤집어도 보고 빛에 비추어 보면서 밝은 부분과 어둡게 보이 는 부분을 살펴보십시오(외형, 질감 등).
- 견과류의 모든 부분을 마치 지금까지 한 번도 본 적이 없는 것처럼 탐색해 보십시오.
- 이때 혹은 '이것 대체 왜 하는 거지?' 혹은 '이것은 뭐야? 이렇게 하는 것 맞 나'와 같은 생각이 든다면 그것을 단지 '당신의 생각'으로 알아차리고 판단 하지 말고 주의를 견과류에 되돌리십시오(생각을 바라봄).
- 이제 견과류의 냄새를 맡아 보십시오. 견과류를 들어서 코에 가져가 보셔도 좋습니다. 그리고 숨을 들이쉴 때마다 주의 깊게 견과류 냄새를 맡아 보십 시오(후각).
- 이제 다시 한번 견과류를 바라보십시오.
- 입에서 침이 고이는지를 주의를 기울이면서 이제 천천히 견과류를 당신의 입으로 가져가십시오(느낌, 지각).
- 견과류를 부드럽게 입으로 가져가서 입에 생기는 감각을 느껴 보십시오.
- 그리고 준비가 되었을 때 의식적으로 견과류를 씹어 보고 풍겨 나오는 맛에 주목해 보십시오(맛).
- 입 안에 생기는 침에 주목하고, 씹어 보면서 견과류가 어떻게 변화되는지 알

아차려 보십시오.

● 그러고 나서 견과류를 삼킬 준비가 되었다고 느끼면 머릿속으로 견과류를 삼키려는 의도가 있는지를 살펴보십시오(생각).

● 마지막으로, 견과류를 삼킬 때 느껴지는 감각을 따라가는지 살펴보십시오. 가능하다면 견과류가 당신의 위로 내려가는 것을 느껴 보세요(내장감각).

● 오늘부터 식사하실 때 견과류 외에도 건강한 음식들(예: 통곡물, 생선, 채소, 콩, 해산물 등)을 섭취하시면서 먹기 명상을 통해 생각에 집중해 보세요.

먹는다는 행동은 자동적으로 이루어지곤 하는데, 앞서 소개한 자동 조종 상태에서 음식을 먹는 경우가 많습니다. 하지만 먹기 명상을 연습해 보면 우리가 평소에 신경 쓰지 않았던 느낌, 생각, 의도 등을 마인드풀(mindful)하게 느끼게 해 줍니다. 먹기 명상은 간단한 명상 훈련으로

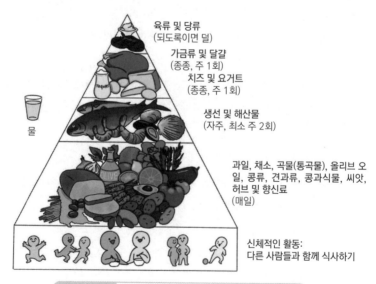

그림 1-12 지중해식 식단 피라미드의 구성요소

출처: Willett et al. (1995).

단순한 행동에 천천히 집중하게 되면 어떤 변화가 일어날 수 있는지를 경험할 수 있는 좋은 방법입니다. 연습할 때 견과류 대신 다른 어떤 음식이라도 이용해 볼 수 있습니다. 가능하다면 [그림 1-12]에 소개된 건강을 위한 음식을 먹는다면 더 좋겠지요.

정신건강에 도움이 되는 지중해식 식단을 [그림1-12]에 소개합니다. 피라미드의 아래에 놓인 식단은 매일 섭취하고, 피라미드의 위에 놓인 식단일수록 균형을 맞춰 적게 섭취해 보는 것이 도움이 되겠습니다.

> **1회기 요약** 불안·우울 극복을 위한 마음챙김 이해
>
> - 우리는 무엇을 하고 있는지 전혀 알지 못한 채 '자동조종' 상태로 장거리를 운전하기도 한다. 마찬가지로 우리는 삶의 많은 부분에서 실제로 순간 순간을 판단하면서 우리 주변의 사건들과 마음에 떠오르는 생각, 느낌과 감각들에 오래된 습관적 생각이나 행동들로 반응한다.
>
> - 이 프로그램의 목표는 알아차림(awareness)을 증진시켜서 상황에서 자동적으로 반응하기보다, 판단하지 않고 바라보면서 다르게 대응할 수 있도록 하기 위함이다. 우리는 여기서 주의가 어디에 있는지 더 잘 알아차리는 것을 연습하고 주의의 초점을 반복해서 의도적으로 바꾸는 것을 연습하게 된다.
>
> - 우선, 자동조종에서 어떻게 벗어날 것인가를 탐색하기 위해서 견과류를 먹는 것에 주의를 집중하였다. 특히, 식사할 때 견과류 이외에도 우울에 도움이 될 수 있는 지중해식 식단을 섭취하여 먹기 명상을 해 볼 수도 있다. 먹는다는 것은 이전에 마음을 챙겨서 해 본 적 없는 너무나 '자동적인 행동'이다. 먹기 명상을 하다 보면 우리가 평소에 신경 쓰지 않았던 여러 가지 것들을 느끼게 된다. 먹기 명상은 간단한 명상 훈련으로 단순한 행동에 천천히 집중하게 되면 어떤 변화가 일어날 수 있을지에 대한 좋은 예가 된다.

- 다음 시간부터는 현재 순간을 알아차릴 수 있는 초점으로 신체 부위를 사용하여 주의 집중 훈련을 할 것이다. 또한 다른 장소에서도 자유자재로 주의를 집중하고 알아차리는 연습을 하게 될 것이다. 이것이 다음 주에 할 신체감각 살피기 명상의 목표다.

- **주요 마음챙김 명상**: 뿌리 깊은 나무 명상, 먹기 명상(견과류 명상)

📖 오늘의 과제

1. 주요 연습: 먹기 명상(견과류 명상)

- 하루에 한 끼 정도는 '마음을 챙기면서' 견과류를 먹었던 방법으로 식사하시거나 견과류 명상을 하십시오.

- 실습하면서 특별한 어떤 것을 느끼려고 하지 말고, 모든 기대를 버리고 그저 여러분이 하는 경험이 순전히 여러분의 경험이 되도록 해 보십시오. 판단하지 말고 계속하십시오. 그리고 다음 회기에 이것에 관해서 이야기를 나눌 것입니다.

- 명상을 할 때마다 떠오른 생각이나 느낌을 기록해 보십시오. 기록한 내용에 대해 다음 회기에서 이야기를 나눌 것입니다. 과제 도중에 떠오른 것을 적어 놓고 다음에 그것에 대해서 이야기를 나눌 것입니다.

2. 일상에서의 연습

- 일상에서 하나의 활동(설거지할 때, 식사할 때, 칫솔질을 할 때, 샤워할 때, 옷을 입을 때, 운전할 때, 쓰레기를 버릴 때, 쇼핑할 때 등)을 골라서 먹기 명상(견과류 명상)을 했던 것과 같이 그 행동을 할 때마다 무엇을 하고 있는지 순간순간 알아차릴 수 있도록 의도적으로 노력하십시오.

2회기

불안·우울
장애의
특징적
사고방식

오늘의 과제

불안과 우울장애에서의 특징적인 왜곡된 사고방식들에 관해 이해하고, 마음챙김 명상을 통해 이러한 사고방식들을 수용하고, 받아들이는 대처방법들을 익혀 봅시다.

1. 일상생활에서 마음챙김 명상은 어땠는가

2회기에 본격적으로 들어가기에 앞서 참가자들에게 지난 한 주 동안 일상생활에서 마음챙김(mindfulness) 명상을 하면서 어떤 생각과 느낌이 들었는지에 관하여 질문하고 서로의 의견을 공유해 봅니다.

방해요인 다루기

- 집중이 잘 됐어요/자꾸 다른 생각이 들었어요.
- 신체감각이 잘 느껴져요/아무것도 안 느껴져요.
- 잘한 것 같아요/제대로 하지 못한 것 같아요.
- 좋았습니다/나빴습니다.
- 마음이 편안해졌어요/불안해졌어요.
- 몸이 이완되었어요.
- 어지러웠어요/잠이 들었어요/머리가 아팠어요.

1) 명상을 하는 데 방해가 되는 것들에 대한 토의

"집중이 잘 되었어요. 집중이 안 되었어요. 잘한 것 같아요. 어떻게 해야 잘하는 거죠? 좋았습니다. 나빴습니다."

 이렇게 판단하려는 마음은 명상에 방해요인으로 작용합니다. 이런 판단은 중요하지 않습니다. 판단하려는 마음을 내려놓으십시오. 그냥 그 자체로 받아들이시고 지시문에 따라 자신이 노력한 것에 칭찬해 주고 환영해 주십시오. 그 자체가 괜찮다는 것을 받아들이면 일단 MBCT에 발전이 있는 것입니다. 평소에 우리는 판단 속에서 살아가기 때문에 명상을 할 때에는 나를 그저 나 그 자체로 받아들여 주는 연습이 필요합니다. 우리 아이, 조카가 잘해서 좋은 것이 아니듯이 나도 그 자체로 받아들이면 됩니다.

"일하던 중 심장 부위에 불편한 느낌이 들었어요. 그러다가 지난주 명상 연습을 떠올리면서 서 있는 발의 감각에 주의를 기울였더니 주의를 돌리고 나아지는 느낌이 있었어요. 아직 처음이니 더 해 봐야겠다고 생각했어요."

 자주 있는 현상입니다. 가슴이 답답해지고 심장 부위에 불편한 느낌이 들면 다른 곳에 주의를 돌리는 방법도 좋고, 반대로 심장 부위의 의식에 초점을 맞추면 서서히 좋아지는 경우도 많습니다.

"견과류 명상을 통해 일상에서 늘 느끼던 경험을 다르게 인식할 수 있다는 사실이 흥미로웠어요. 일주일간 음식을 먹을 때마다 연습의 기회가 됐어요."

 열심히 하셨네요. 훌륭하십니다. 말씀하신 것처럼 일상에서 드시는 어느 음식으로도 해 볼 수 있습니다.

"신체감각에 집중이 되는 게 심장의 두근거림이 과하게 느껴져서 더 힘이 들었어요. 조용한 환경에 집중하게 되는 것이다 보니 호흡에 갇힌 느낌도 났거든요. 눈을 뜨고 해 보니 조금은 할 만해서 당분간 눈을 뜨고 해 보려고요."

앞의 분과 같이 심장에 초점을 맞춰 보는 것도 방법입니다. 두근거림이 심하면 그 두근거림을 판단하지 말고 바라보는 연습을 해 보세요. 혹시 눈을 감고 하기에 버거우시면 눈을 뜨고 해 보는 것도 좋은 방법입니다.

"저는 신체감각, 호흡을 느끼게 되는 게 저랑 잘 맞는다고 생각했어요. 제가 평소에도 정적인 상태를 더 편안해하거든요. 오늘은 생각이 다른 곳으로 가는 걸 알아차리고 다시 호흡에 주의를 기울일 수 있었어요. 중간에는 잠깐 이 자리에서 명상하고 있는 저 자신의 모습을 인식하게 되기도 했었어요."

훌륭하십니다. 생각이 다른 곳으로 갈 때 그것을 알아차리고 비난이나 판단하지 말고 그대로 호흡에 주의를 기울이시면 됩니다.

"아직 익숙하지 않아서인지 잠이 오고 졸음이 와서 제대로 했는지를 잘 모르겠어요. 더 연습하면 도움이 될까요?"

졸음이 와서 졸게 될 수도 있습니다. 단지 제대로 못했다고 판단하는 생각은 내려놓고 자신을 받아들여 주세요.

"오늘 해야 할 일에 대한 걱정이 많이 들어서 집중이 잘 안 되었어요."

걱정을 알아차리면 그 자체로 의미가 있습니다. 어떤 생각을 했는지 보고 흘러가게 두는 것이 명상입니다. 잘 되고 잘 안 되고를 판단하지 말고 그저 바라보고 허용하고 흘려보내면 됩니다.

"기침이 자주 나서 신체감각들에 괴로웠고, 나는 왜 이러나 잘하지 못하는 것 같다는 생각들이 정처 없이 떠다녀서 마음챙김 명상에 방해가 되었어요."

괜찮습니다. 자연스러운 현상입니다. 전형적인 마음-방황(mind-wandering) 상태를 경험한 것이며 그에 대해 판단을 한 것입니다. 명상에 집중하다가도 마음이 방황하는 상태로 빠지게 되기 마련인데 이는 매우 자연스러운 것입니다. 이때 어떤 생각을 했는지 알아차려 보고 이것에 대해서 가치판단이나 잘했다 못했다 등을 판단하지 마시고 다시 지시문으로 따라 들어오면 됩니다. 기침이 나니 더더군다나 그렇겠지요. 마음챙김은 지금, 현재, 의도적으로 집중을 하되 비판단적인 인지 방법을 유지하는 것입니다. 다시 말하면, 마음챙김은 '지금 현재 순간의 흐름에 집중하는 것' 또는 집중 시 떠오르는 '많은 정신 현상에 의미를 부여해서 판단하는 것을 멈추고 바라보는 것'을 의미합니다. 개념을 혼동하지 말고, 현재의 순간에 집중하되 떠오르는 생각을 '알아차리고 존재하게 놔두고 흘려보내고 혹은 받아들이고 다시 지시에 집중하는 연습'을 해 보십시오. 마음이 이리저리 방황하는 것은 괜찮습니다. 원래 이러한 것이 명상이며 이러한 판단과 평가에 대해서 흘러가게 놔두십시오. 이러한 판단하는 패턴이 계속된다면 이 패턴을 알아차리시고 이름표를 붙이십시오. 이 과제는 나중에 또 언급하겠습니다.

"소음이 많아서 집중이 잘 안 되었어요."

명상할 때는 소음이나 방해받지 않는 곳을 고르는 것이 중요합니다만, 그렇지 않더라도 어쩔 수 없이 소음이 들리거나 방해요인이 있을 수밖에 없습니다. 소음이 명상을 방해할 정도가 아니라면 그 소음에 대해 내가 집중이 흔들리고 있다는 것을 알아차리고 소음을 일으키는 사람이나 나에 대해 비난이나 판단, 평가를 하지 마시고 알아차리고 다시 명상으로 돌아오면 됩니다. 그것으로부터 생각을 멀리하는 탈중심화(decentering)를 해 보거나 흘러가게 두어 보시면 됩니다. 다른 방해요인이 될 만한 것은 마음챙김과 관련된 책에 보면 잘 나와 있으니 참고하시고요. 잠자는 것, 잘 되었어요 안 되었어요 이런 것이 모두 방해되는 요인 중 하나이니 이를 잘 알아차리십시오.

2. 오늘의 뇌과학: 신체감각 중추

1) 두정엽

두정엽(parietal lobe)은 체감각 피질과 감각연합영역이 있어 촉각, 압각, 통증 등의 체감각 처리에 관여하며 피부, 근골격계, 내장, 미각세포로부터의 감각 신호를 담당하는 영역입니다. 즉, 감각 그 자체에 집중하는 데 도움이 되는 영역이라고 할 수 있습니다.

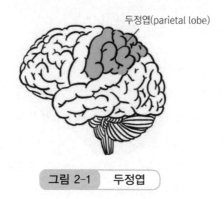

그림 2-1   두정엽

2) 섬엽

섬엽(insula)은 전두엽과 두정엽, 측두엽에 의해 덮여 보이지 않는 삼각형 모양의 대뇌 피질 영역으로 앞쪽은 정서 처리 관련 영역, 뒤쪽은 신체감각 처리 관련 영역의 상호연결 구조를 이루고 있습니다. 섬엽은 몸의 내장기관의 감각과 신체감각, 나아가 자기 자신에 대한 감정을 인식하는 것과 더불어 타인에 대한 감정을 인식하고 공감(empathy)하는 능력, 행복감 등과 관련된 영역입니다. 우리는 체계적인 마음챙김 명상을 통해 신체감각에 의도적으로 집중하고 주의를 기울이는 연습을 통해서 섬엽의 구조적 · 기능적 능력을 활성화시킬 수 있습니다.

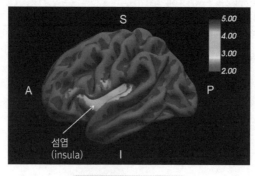

그림 2-2   섬엽

주: A(Anterior, 앞쪽), S(Superior, 위쪽), P(Posterior, 뒤쪽), I(Inferior, 아래쪽)

3. 마음챙김 명상 1: 신체감각 살피기 명상

- 바닥에 있는 매트나 천 또는 침대와 같이 따뜻하고 방해받지 않을 만한 곳에 등을 대고 편안하게 눕습니다. 부드럽게 눈을 감으십시오.
- 잠깐 동안 호흡의 움직임과 신체감각을 느끼는 시간을 갖습니다. 준비가 되었으면 몸에 느껴지는 신체감각을 자각하도록 하고, 특히 몸이 바닥이나 침대와 닿을 때 느껴지는 감각과 압력을 느껴 보도록 하십시오. 숨을 내쉴 때마다 자신을 내려놓고 매트나 침대에 조금 더 깊숙이 가라앉도록 하십시오.
- 이 연습의 목적을 떠올려 보십시오. 신체감각 살피기를 하는 목적은 뭔가 다르게 느끼고 이완이 되면서 편안해지는 것이 아닙니다. 그렇게 될 수도 있고 안 될 수도 있습니다. 대신, 이 연습의 목적은, 신체의 각 부분에 번갈아 가며 주의를 집중시키면서 최대한도로 당신이 감지하는 어떤 감각에 자각을 하기 위함입니다.
- 먼저, 호흡에 집중합니다. 들어오는 숨과 나가는 숨에 집중해 보세요. 호흡을 이용하여 숨이 들어오면서 나가는 것을 바라보세요.
- 왼쪽 발끝으로 주의를 옮겨 갑니다. 호흡이 발끝으로 간다고 생각하고 들이마신 호흡이 발끝에 전해지는 것을 느껴 보십시오. 오른쪽 발끝으로 옮겨 갑니다. 똑같은 방법으로 호흡이 발끝으로 옮겨 가는 것을 느껴 보세요. 양쪽 발끝을 동시에 느껴 보세요. 호흡이 발끝에 동시에 전해지는 것을 느껴 보세요.
- 이젠 발바닥으로 옮겨 갑니다. 양쪽 발바닥을 동시에 느낄 수 있으면 양쪽 발을 동시에 느껴 보세요.
- 똑같은 방법으로 발목, 무릎 아래 다리로 옮겨 갑니다.
- 마음은 때때로 호흡과 신체로부터 벗어나 방황하기 마련입니다. 이는 전적

으로 정상적인 것입니다. 마음은 원래 그렇습니다. 이러한 마음의 특성을 알아차리고 부드럽게 그것을 받아들이십시오. 그리고 천천히 주의를 당신이 집중하려고 의도했던 신체 부위로 다시 되돌리십시오.

- 무릎으로 옮겨 갑니다.
- 무릎 위 다리로 옮겨 갑니다.
- 이제 하복부의 신체감각으로 주의를 가져와서 숨을 들이쉬고 내쉴 때 하복부에 느껴지는 감각의 변화를 인식하십시오. 몇 분 동안 숨을 들이쉬고 내쉴 때의 감각을 느끼도록 하십시오. 하복부에서 느껴지는 감각과 연결되었으면, 의식의 초점을 하복부에서 더 아랫배로, 골반으로 옮겨 가도록 하십시오. 바닥이나 매트가 닿는 느낌, 따끔거리는 느낌, 따뜻함 혹은 아무런 감각을 느끼지 못하는 것을 알아차리면서 감각의 특성을 탐색하십시오.
- 준비가 되면, 숨을 들이쉴 때, 호흡이 폐로 들어가서 명치를 지나 위쪽 배와 아래쪽 배로 지나가는 것을 느끼거나 상상해 보도록 하십시오. 그리고 나서 숨을 내쉴 때, 하복부에서 상복부로, 명치로, 가슴으로 그리고 코를 통해 호흡이 나가는 것을 느끼거나 상상해 보십시오. 하복부로 내려갔다가 하복부로부터 되돌아오는 호흡을 몇 번 계속하십시오. 이런 호흡을 계속하는 것이 어려울지 모르지만 가능한 한 지금의 '들이쉬기' 연습을 재미있게 하도록 하십시오.
- 숨을 내쉴 때 하복부에 대한 의식을 내려놓고 골반에 의식의 초점을 두고 부드럽게 매트나 침대에 닿는 곳의 감각을 알아차리고, 아랫배의 가장 아래부터 조금씩 위로 배꼽 아래까지 탐색하면서 자각하십시오. 느껴지는 감각과 함께 '호흡하기'를 해 보십시오. 호흡을 자각하고 골반 아래쪽의 감각을 탐색하십시오.
- 특정 신체 부위에 긴장감이나 다른 강렬한 감각을 자각하면, 숨을 부드럽게 들이쉬면서 그 감각에 의식의 초점을 가져오고 가능한 만큼 숨을 내쉬면서 그것들을 내려놓으십시오.
- 이런 방법으로 상지, 목, 머리에 차례로 집중합니다. 전신에 모두 집중했다면, 잠시 신체를 하나로 느껴 본 다음, 호흡이 신체의 안과 밖을 자유롭게 흐

르는 것을 느껴 보십시오.

- 잠에 빠져드는 것 같다면, 눕는 것보다는 베개로 머리를 받치고 앉아서 연습하는 것이 더 도움이 될 것입니다.

4. 불안장애 및 우울장애의 인지행동모델

우리가 경험하는 감정들은 외부 사건이나 상황 및 상황을 해석한 결과입니다. 하지만 상황에 대한 해석인 생각들은 너무나도 자동적으로 발생하며 어떤 생각들이 일어나는지 미처 알지 못한 상태에서 불안이나 우울과 같은 부정적인 감정들로 압도되는 경우가 있어 일찍 알아차리는 것이 어렵습니다.

우리의 신체감각, 생각, 감정, 행동은 밀접하게 관련되어 서로 영향을 주고받습니다. 생각, 감정에 대한 자동적이고 습관적인 흐름에서 벗어나고, 변화시키기 위해선 마음챙김의 자세가 필요합니다.

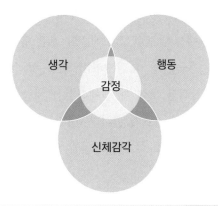

그림 2-3 불안장애 및 우울장애의 인지행동모델

5. 공황발작의 인지행동모델

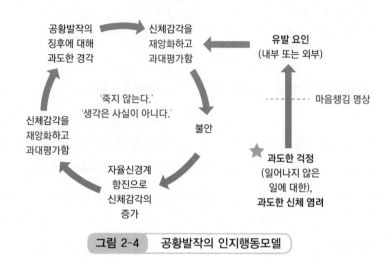

그림 2-4   공황발작의 인지행동모델

　공황발작을 더 잘 이해하기 위하여 인지행동모델을 살펴봅시다([그림 2-4] 참조). 그림의 오른쪽 아래 '과도한 걱정, 과도한 신체 염려'부터 시작입니다. 시작점에서 화살표를 따라서 그림을 찬찬히 살펴보십시오. 공황발작은 과도한 걱정, 과도한 신체감각에 대한 염려로부터 시작되어, 내부 또는 외부에서 발생한 스트레스와 같은 유발 요인에 의해 발생합니다. 과호흡, 두근거림, 오심(구역감), 숨을 쉴 수 없는 느낌, 팔다리 저림 등의 신체감각을 느낄 때 신체감각을 재앙화하고 과대평가하여 '죽을 것 같은 공포'에 이르게 됩니다. 이러한 상황은 불안을 가중시켜 위험 상황에 대비하게 하여 자율신경계가 항진되고 신체감각이 증가하게 됩니다.

　앞서 느껴진 신체감각이 다시금 느껴지는 상황이나 두 번째 공황발작을 경험하게 되면 '또다시 공황발작이 오면 어떻게 하지'라는 예기 불안(일어나지 않은 상황이 반복될 것이라는 불안)을 동반하게 되어 악순환의 고리에 빠지게 됩니다. 이후에는 전보다 신체감각에 더욱 민감한 상태가 되어 과도하게 각성한 상태로 이 불안의 고리 안에 존재하게 되는 것이 공황발작의 인지행동모델입니다.

[그림 2-4]에서 나타난 대로 마음챙김 명상은 불안의 악순환 고리로 들어가게 되는 입구에서 발을 들여놓지 못하도록 막는 역할을 합니다. 과도한 걱정에서 유발 요인으로 이어지는 과정에서 마음챙김 명상을 통해 미리 '알아차리고(awareness)' 중재함으로써 불안의 고리 안으로 들어가는 것을 방지하게 됩니다. 이미 불안의 고리 안에 들어온 상태라면 신체감각에 의해 떠오르는 '생각은 사실이 아니다'라는 점, '공황 증상으로 인해 죽지 않는다'라는 점을 떠올려야 합니다.

6. 반추와 걱정에서 우울과 불안으로

해결되지 않는 고민을 계속 반복해서 생각한 적 있으신가요? 마치 여물을 먹은 소가 먹은 음식을 꺼내어 되새김질하듯이, 지나간 생각을 놓지 못하고 자꾸 꺼내어 생각하는 것을 반추 사고라고 합니다. 반추 (rumination)는 과거의 일에 대해서 되풀이하여 음미하고 생각하는 것이며, 걱정(worry)은 아직 도래하지 않은 미래의 일들에 대해서 반추와 마찬가지로 꼬리에 꼬리를 물고 생각을 이어 나가는 것입니다. 현재를 살고 있는 지금, 이 순간에 과거 혹은 미래의 일들에 대해서 끊임없이 되풀이하여 생각하게 된다면 우울 또는 불안이라는 감정이 발생하게 되곤 합니다. 이러한 상태가 지속되면 우리는 과도한 우울 또는 불안 상태에 빠지게 되어 우울장애 또는 불안장애가 발생하거나 과거의 병이

내 몸은 현재에 있는데 　　　　　　 내 마음은 어디에 있지?

과거 　　　　　　　 현재 　　　　　　　 미래
반추 　　　　　　　　　　　　　　　 **걱정**

그림 2-5 　 반추 또는 걱정

재발하게 되기도 합니다. 따라서 반추 또는 걱정에 대해서 마음챙김을 통해 미리 '알아차려' 깊은 우울이나 불안 상태에 빠지지 않도록 하는 것이 중요합니다.

7. 불안장애 및 우울장애에서 MBCT의 재발방지 효과

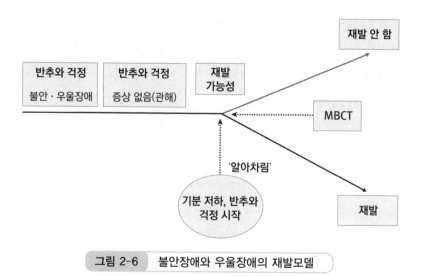

그림 2-6 　 불안장애와 우울장애의 재발모델

앞서 설명한 내용을 다시 한번 정리하면 [그림 2-6]과 같습니다. 이번에는 그림의 왼쪽에서부터 살펴봅시다. 반추와 걱정에서 시작합니다. 불안장애 및 우울장애에서 마음챙김을 통한 '알아차림(awareness)'은 재발을 예방하는 데 효과적입니다. 그림에서 나타난 대로 MBCT는 반추나 걱정에 초점을 맞추어 반추와 걱정을 감소시키는 것을 가장 중요하게 생각합니다. 반추 또는 걱정을 알아차린 뒤 이를 판단하지 않고 내려놓음으로써 재발방지 효과를 기대할 수 있습니다. 기분이 저하되면서 반추나 걱정을 알아차리지 못하고 그 생각에 빠져 있게 되면서 재발로 이어지게 됩니다. 불안장애 및 우울장애의 인지적 원인으로 반추와 걱정이 가장 중요하다고 할 수 있기 때문에 명상을 생활화하여 생각의 움직임을 바라보고 내려놓게만 되어도 재발을 막고 안정된 생활을 이어 나갈 수 있습니다.

8. 불안장애 및 우울장애의 특징적 사고방식

불안장애 중 특히 공황장애 환자들의 특징적인 사고방식에는 대표적으로 과대평가, 재앙화 사고가 있으며 우울장애 환자들은 과도한 걱정이 있습니다.

과대평가란 어떠한 일이 일어날 확률을 매우 크게 지각하는 것으로 정의합니다. 예를 들어, '내 가슴의 통증은 심장마비가 온다는 신호임에 틀림이 없다' '숨이 차는 걸 보니 난 죽을 것이다' '다음에 다시 한번 공황발작이 일어난다면 나는 기절하고 말 것이다'와 같은 사고방식입니다. 그리고 재앙화 사고는 어떠한 사건이 발생하였을 때 그 일의 결과를 매우 부정적으로 지각하는 것입니다.

불안장애와 우울장애 모두에서 잘 나타나는 특징적인 사고방식인 과
도한 걱정은 여러 사건이나 활동(업무 또는 학교, 일상)에 대한 끈임없는 불
안과 걱정(염려스러운 예견)이 며칠 이상 계속되는 현상이 지나친 경우입
니다. 불안장애나 우울장애 환자들은 이러한 걱정을 스스로 조절하는
것이 어렵다는 사실을 알게 되기도 합니다.

이러한 특징적 사고방식을 다른 말로 '인지적 오류'라고 합니다. 그
렇다면 인지행동치료는 이러한 인지적 오류를 어떻게 다루게 될까요?

1) 인지적 오류 접근법

(1) 전통적 인지행동치료의 경우

전통적 인지행동치료(Cognitive Behavioral Therapy: CBT)에서는 인지적
오류의 개념에 대해 알 수 있도록 교육하고, 그 오류를 바로잡기 위하
여 확실한 '증거'를 찾아 나가는 과정을 통해 인지적 오류를 교정해 나
갑니다. 〈표 2-1〉, 〈표 2-2〉, 〈표 2-3〉은 인지적 오류에 전통적 인지
행동치료가 어떻게 접근하는지를 보여 줍니다.

표 2-1 **불안장애의 특징적 사고방식: 과대평가**

과대평가	전통적 인지행동치료 접근 방법
1. 내 가슴의 통증은 심장마비가 온다는 신호임에 틀림없다.	• 그 증거는 무엇인가? • 최근의 신체검사 결과는 어떠했는가? • 이전에 몇 차례나 이와 비슷한 통증을 느꼈었는가? 전에도 심장마비가 일어났던 적이 한 번이라도 있었는가?
2. 숨이 차는 걸 보니 난 죽을 것이다.	• 그 증거는 무엇인가? • 공황발작이 일어날 때 죽은 사람이 있는가?

| 3. 다음에 다시 한번 공황발작
이 일어난다면 나는 기절하
고 말 것이다. | • 실제로 기절할 확률은 얼마인가? (0~100%) |

출처: Shearer & Gordon (2006).

표 2-2   불안장애의 특징적 사고방식: 재앙화 사고

재앙화 사고	전통적 인지행동치료 접근 방법: 탈재앙화
1. 내가 많은 사람들 앞에서 기절 한다면 어떡하지? → 그것은 끔찍할 것이다. 나를 이상한 사람으로 생각하면 어떡하지?	• 내가 기절한다면 이유가 있을 것이다. • 주변 사람들은 날 도와주려고 할 것이다. • 내 몸은 곧 균형을 되찾을 것이다. • 그래서 어쨌단 말이냐!
2. 내가 불안해하는 것을 다른 사람이 알아채면 어떡하지? → 그건 끔찍할 것이다. 나를 미쳤다고 생각하면 어떡하지?	• 다른 사람들은 내가 불안해하는 걸 모를 수도 있어. • 주변 사람들이 내 친구들이라면 그들이 어떤 생각을 했든 간에 우리는 여전히 친구일 거야. • 주변 사람들이 모르는 사람들이라면 그들이 무 슨 생각을 하든 문제될 게 없어.
3. 내가 비행기/지하철/엘리베 이터 안에서 공황이 일어나 면 어떡하지? → 나는 견뎌 내지 못할 거야.	• 불안하겠지만 다른 무슨 일이 더 일어나겠어? • 힘들었지만 예전의 공황발작도 견뎌 냈어.

출처: Shearer & Gordon (2006).

표 2-3   불안장애 및 우울장애의 특징적 사고방식: 과도한 걱정

과도한 걱정	전통적 인지행동치료 접근 방법
• 확실하지 않은 것을 못 참는다. • 위험하지 않은 것을 위험하다 고 생각한다(나쁜 일이 일어 날 것이다). • 걱정을 많이 하니까 난 뭔가 문제가 있다. • 생각을 많이 하면 좋아질 것 이다.	• 반복적으로 치료자나 배우자에게 안심을 구하 기 위해 질문을 하거나 인터넷 검색을 한다면, 더 이상 인터넷 검색을 하지 못하게 하거나 안 심시켜 준다. • '걱정하는 시간'을 일정에 정해 두고 사용하게 하라. 하루에 약 15분에서 20분가량 집중해서 그 시간에만 걱정하고, 그 이외의 시간엔 걱정 하지 않도록 하라.

출처: Shearer & Gordon (2006).

(2) 마음챙김 기반 인지치료의 경우

마음챙김은 전통적 인지행동치료처럼 증거를 찾아서 인지적 오류를 바로잡는 것이 아니라, 〈표 2-4〉와 같이 알아차리고 수용하는 방식으로 극복하도록 돕습니다.

표 2-4	부정적인 사고방식에 대한 마음챙김 접근 방법
부정적인 사고방식	**마음챙김 기반 인지치료 접근 방법**
• 내가 잘못되었고, 내 탓이다. • 온 세상이 다 부정적이다. • 과거도 미래도 부정적이다.	• 마음챙김 명상을 하게 한다. 쉽지 않은 경우에는 가장 간단한 호흡 명상을 하게 한다. 생각에 초점을 맞추게 하면서 현재의 순간을 있는 그대로 받아들이게 한다.

출처: Segal, Williams, & Teasdale (2012).

9. 마음챙김을 통해서 불안장애 및 우울장애의 특징적 사고방식들을 받아들이기

• 이런 사고방식은 당연한 것이다.

• 판단하거나 비난하지 말고 받아들인다.

• 그것을 자각하고 현재에 집중한다.

앞에서 배운 공황, 불안, 우울 환자들의 특징적 사고방식은 전통적 인지행동치료 방법—즉, 증거를 찾고 실제 사실을 검증하고, 탈재앙화나 대안적 사고 등으로 반박해 보는 방식—을 통해 치료 효과를 보일 수도 있으나, 현재에 집중하고 받아들이는 마음챙김 역시 좋은 효과를 보입니다. 즉, 어렸을 때부터 가지고 있던 어려움들이 일으킨 부정편향

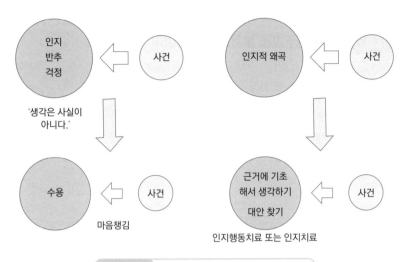

그림 2-7 마음챙김 vs. 고전적 인지치료

으로 인해 극단적인 공포나 불안을 느끼게 되는 자신을 있는 그대로 알아차리고, 수용하고, 받아들이면서 좋아지는 것이지요. 마음챙김은 수용적 전략으로 자신을 받아들이고, 이해하고, 판단과 비난을 내려놓으며, 현재에 일어나고 있는 순간순간에 집중하면서 인지적으로 유연한 대처를 하게 만들어 줍니다(그림 2-7) 참조).

각자가 가진 특징적 사고방식을 알아보기 위해, [유인물 2-1]을 활용하여 자유롭게 적은 후 서로 토의해 봅시다. 다른 사람과 비슷한 점도 있을 것이고 나만이 가진 어떠한 사고방식도 있을 것입니다.

마음챙김을 통해서 받아들이기

- 다음 빈칸에 자신의 증상, 걱정, 감정을 적어 봅시다.
- 자유로운 형식으로 적어 보십시오. 막연하게 느껴지는 감정이나 생각을 글로 적어 보면 더 명확해집니다.

1) 신체는 마음의 창(감정의 창)

• 신체는 불안을 유지시키는 피드백 회로의 일부일 수 있습니다. 즉, 가슴 두근거림, 떨림, 어지러움, 근육의 긴장과 같은 신체 증상이 우리를 더욱 불안해지게 만들고 우리를 불안이라는 회로에 갇히게 할 수도 있습니다.

• 하지만 오히려 우리가 의도적으로 신체에 주의를 집중하는 행위를 통해서 얻을 수 있는 효과를 다음과 같이 두 가지로 정리해 볼 수 있습니다. 첫 번째, 감각에 주의를 집중하게 되면 있는 그대로를 바라보게 되어 먹기 명상 때처럼 감각 자체의 경험을 변화시킬 수 있습니다. 두 번째, 신체에 대한 자각은 나 자신을 의도적으로 바라보게 하여 마음과 감정의 상태를 알아차리게 되고, '마음 상태'의 구성요소 중 하나를 변화시킬 수 있는 기회가 생기게 됩니다. 예를 들어, 몸이 아플 때 아픈 원인이 우울이나 불안한 감정 때문일 수 있다는 것을 알게 될 수 있고, 알아차림을 통해 두려움에서 벗어날 수 있게 됩니다.

2) 현재에 머무르기

• 지금까지 해 왔던 것으로부터 벗어납니다.
• 다음과 같은 질문을 합니다.
  – 나는 지금 무엇을 하고 있습니까?
  – 나는 지금 무슨 생각을 하고 있습니까?
  – 나는 지금 어떤 감정을 느끼고 있습니까?
• 이 연습은 당신의 자동조종 상태를 알아차리고 멈추는 데 도움이

됩니다.

- 연습의 활용
  - 일상적 활동: 식사할 때, 샤워할 때, 휴대전화를 켤 때 등
  - 감정의 변화를 느낄 때: 스트레스받을 때, 불안할 때, 짜증 날 때, 우울할 때 등

10. 마음챙김 명상 2: 호흡 명상

호흡은 사람이 평생 동안 하는 행동입니다. 따라서 마음이 혼란스럽거나 걱정이 많을 때는 이런 상태를 알아차리고, 호흡에 집중하는 것이 우리의 자동조종을 끊어 주는 좋은 도구가 될 수 있습니다. 우리가 호흡 명상에서 가장 중요시할 점은 '마음이 방황한다면, 잠시 내 마음이 어디로 가고 있는지 알아차리고 너무 애쓰지 말고 부드럽게 호흡으로 돌아오면 된다'는 것입니다.

- 이번에는 호흡에 집중하는 명상입니다. 호흡하는 명상법과 마음-방황 등에 대해 판단하지 않고 바라보는 연습을 합니다. 등을 똑바로 세우고 편안한 자세를 취하십시오. 의자에 앉았다면 발을 바닥에 대고 다리는 교차시키지 않습니다. 부드럽게 눈을 감습니다.
- 호흡을 들이쉬고 내쉬면서 이전 명상에서 뿌리내리는 느낌을 불러오세요. 호흡을 지속합니다. 준비가 되면, 신체감각의 변화 패턴에 주의를 기울이십시오. 처음 이 연습을 할 때 아랫배나 가슴에 손을 대고 손이 접촉한 곳의 감각 변화를 자각하는 것이 도움이 될 수 있습니다. 이런 방식으로 배나 가슴

의 신체감각을 의식하게 되면 손을 떼고 계속해서 배나 가슴의 감각에 초점을 맞춥니다.

● 이후 숨을 들이쉴 때 아랫배가 약간 들어가고 숨을 내쉴 때 아랫배가 부드럽게 나오는 감각에 초점을 맞추십시오. 가능한 한 최선을 다해 아랫배에서 숨을 들이쉬는 전 과정과 내쉬는 전 과정, 그리고 한번 들이쉬고 내쉬는 사이의 잠깐 멈추는 순간과 내쉬고 들이쉬는 사이 호흡이 멈추는 순간의 신체감각의 변화를 자각하십시오.

● 코에서 호흡이 들어가고 나가는 것에 집중해 보세요. 코끝에서 호흡이 들어오고 나가는 신체감각에 집중하는 것이 다른 호흡법이기도 합니다.

● 어떤 방식으로든 호흡을 통제할 필요는 없습니다. 단지 숨 쉬는 대로 호흡을 그냥 두십시오. 교정해야 하거나 특별히 도달해야 할 필요가 있는 상태도 없습니다. 가능한 한 최선을 다해 경험한 것을 바꾸려 하지 말고 그대로 두십시오.

● 조만간 당신의 마음은 아랫배의 호흡에서 벗어나 생각이나 계획, 백일몽 같은 것으로 떠돌아다닐 것입니다. 이런 것은 모두 다 괜찮습니다. 그것은 단지 마음이 그렇게 하는 것이며 실수나 실패한 것이 아닙니다. 주의가 더 이상 호흡에 있지 않다는 것을 알게 되었을 때 조용히 자신에게 축하를 보내십시오. 당신은 이제 돌아왔고 경험을 다시 한번 자각하게 된 것입니다. 그리고 아랫배의 신체감각이 변화하는 패턴을 부드럽게 자각하고 계속되는 들숨과 날숨에 주의를 기울이려는 의도를 새로이 하십시오.

● 그러나 당신은 자주 마음이 돌아다니는 것을 알게 될 것입니다. 가능한 한 매 순간 주의를 부드럽게 호흡으로 되돌리면서 순간의 경험으로 돌아올 때마다 자축하고, 들숨과 날숨 때 변화하는 신체감각의 패턴을 자각하십시오.

● 반복적으로 마음이 돌아다니는 것을 당신의 경험에 인내와 호기심을 가져다주는 기회로 보고 오히려 환영하고 받아들이십시오.

(2회기 요약) 불안 · 우울장애의 특징적 사고방식

- 지난 일주일 동안 마음챙김 명상을 연습해 보며 여러 방해요인이 있다는 것을 알게 되었을 수 있다. 명상 중 마음-방황이 있을 수 있고 잠이 올 수도 있으며, 애초에 명상할 마음을 가지거나 행동으로 옮기는 것이 쉽지 않았을 수도 있다. 이 모든 방해요인을 경험했다 하더라도 아무 문제없는 것이며 그것을 알아차리고 또다시 해 나가면 된다. 자신만의 방해요인을 알아차리면서 꾸준하게 명상 연습을 해 보자.

- '뇌 가소성에 의해 마음챙김 명상이 뇌에 건강한 자극을 준다'는 점을 기억하는 것은 마음챙김을 성실히 해 나가는 데 도움이 된다. 신체감각 살피기 명상은 특히 현재 순간을 알아차리기 위해 신체에 초점을 두기 때문에 '바디스캔 명상'으로도 불린다. 익숙해지면 일상의 여러 순간들에서도 바디스캔 명상을 떠올리고 해 볼 수 있을 것이다.

- 불안장애 및 우울장애, 공황장애의 인지행동모델은 왜곡된 사고방식인 과대평가, 재앙화 사고, 과도한 걱정이 신체 증상과 어떻게 연관이 있는지를 설명해 준다. 이번 시간 내용을 토대로 '신체 증상 역시 정신건강과 관련이 있구나'라는 점을 이해하면 회복에 도움이 될 것이다.

- 다음 시간에는 행동양식과 존재양식을 배우고 보기 명상, 3분 호흡 명상을 통해 일상 속 마음챙김을 더 연습할 것이다.

- **주요 마음챙김 명상**: 신체감각 살피기 명상, 호흡 명상

📖 오늘의 과제

1. 주요 연습(매일 한 가지 이상)

- 신체감각 살피기 명상
- 호흡 명상

2. 짧은 연습

- 현재에 머무르기

3. 일상에서의 연습

- 일상에서 하나의 활동(식사할 때, 칫솔질할 때, 샤워할 때, 옷을 입을 때, 운전할 때, 쓰레기를 버릴 때, 쇼핑할 때 등)을 골라서 먹기 명상을 했던 것과 같이 그 행동을 할 때마다 순간순간 알아차릴 수 있도록 의도적으로 노력합니다.

학습
목표
생각이 감정에 미치는 영향을 이해하고, 강렬한 감정들이 느껴지는 흩어진 마음속에서 보기, 듣기, 3분 호흡을 이용한 마음챙김 명상들을 통해 '지금 이 순간, 여기'로 다시 주의를 기울이며 의도적으로 내려놓고 집중할 대상으로 돌아오는 과정을 익혀 봅시다.

1. 마음챙김 명상 1: 보기 명상과 듣기 명상, 별 명상

1) 보기 명상과 듣기 명상

'본다'는 것은 우리가 일상에서 자동적으로 하는 아주 단순한 행위입니다. 하지만 쉽게 보고 지나치는 것들을 주의를 기울여 바라보다 보면 평상시에는 알아차리지 못한 점을 볼 수 있게 됩니다. 예를 들어, 서 있는 나무, 지나가는 자동차를 보면서 장면적인 요소를 보는 대신에 그 물체의 단순한 색이나 형태, 움직임의 패턴 등을 보는 것에 주의를 기울이는 것입니다. 이와 같은 방법을 통해 '보기 명상'을 해 볼 수 있고 더불어 방 안이나 밖에서 나는 소리에 주의를 기울이는 '듣기 명상'을 해 볼 수도 있습니다. 가능한 한 최선을 다해 소리에 주의를 기울이되, 무엇을 듣고 있는지 판단하지 않는 것입니다. 그저 음의 높낮이나 톤, 크기의 패턴과 같은 것을 주의 깊게 들어 보는 것입니다. 마치 어린아이가 세상에서 태어나서 처음 보는 사물이나 처음 듣는 소리를 마주할 때와 같다고 생각해 볼 수 있습니다. 이 방법을 통해 판단하고 의미를 부여하는 기존의 '행동양식(doing mode)'에서 벗어나서 있는 그대로를 바라보고, 들어보며 단지 존재하는 '존재양식(being mode)'으로 전환해 볼 수 있습니다.

[그림 3-1], [그림 3-2], [그림 3-3]은 봄철에 볼 수 있는 여러 종류의 꽃과 그 배경을 촬영한 사진입니다. 이 사진을 차례로 이용하여 각각 3분씩 보기 명상을 해 봅니다. 꽃이 있는 그 장면적인 요소에 집중하기 보다는, 앞에서 배웠던 것처럼 꽃의 색이나 형태, 질감의 패턴 등을 보는 것에 주의를 기울여 봅니다.

만약 보기 명상의 심화과정을 경험하시고 싶으시다면, [그림 3-4] 및 [그림 3-5]의 별 사진들과 별 명상 스크립트를 이용하여 보기 명상과 비슷한 방법으로 별 명상을 시도해 봅시다.

그림 3-1 보기 명상 1

그림 3-2 　보기 명상 2

그림 3-3 　보기 명상 3

2) 별 명상

그림 3-4   별 명상 1

그림 3-5   별 명상 2

별 명상을 시작하기 전에 삶에서 중요한 존재를 떠올려 봅니다. 예를 들면, 어머니, 아버지, 다른 가족, 회사, 반려동물, 사랑하는 사람, 유명한 사람, 닮고 싶은 선생님 등이 그 존재가 될 수 있습니다. 이들에 대한 마음, 즉 가치 있고 좋아하는, 존경하는, 사랑하는 마음을 떠오르는 별에 옮겨 가도록 해 봅니다. 반드시 별 사진을 보면서 진행할 필요는 없고 눈을 감고 별 또는 그 존재를 떠올리며 명상을 진행해도 괜찮습니다. 다음의 스크립트는 여러분의 별 명상을 도와줄 것입니다.

- 마음속에서 별을 하나 떠올려 보십시오. 환하게 반짝이는 별에서 당신이 마음을 쓰는 하나 또는 그 이상의 존재를 떠올려 봅니다. 그들 관계에 있어 복잡하거나 불편한 마음은 내려놓고 그들을 보살펴 주는 느낌에 초점을 맞추어 봅니다. 아마도 연민, 좋아하는 느낌, 사랑의 느낌 등을 느낄 수 있을 것입니다(10초 기다리기).
- 다른 별 하나를 떠올려 보십시오. 반짝이는 따뜻한 별에서 당신이 마음을 쓰는 누군가와 함께 있는 느낌을 떠올려 봅니다. 어쩌면 친구, 동료, 반려동물, 혹은 가족일지도 모르겠습니다. 그것을 단순하게 유지하면서, 이번에는 보살핌을 받는 느낌에 집중합니다. 아마도 감사한 느낌, 누군가가 나를 좋아하는 느낌, 사랑받는 느낌 등을 느낄 수 있을 것입니다(10초 기다리기).
- 따뜻한 느낌이 들거든 숨 쉬는 감각으로 옮겨 봅니다. 느낌이 심장 부분에서 나가고 들어옵니다. 들이쉬며 사랑이 흘러 들어옵니다. 내쉬며 사랑이 흘러 나갑니다. 느껴지는 이 마음에 머무르다 보면 우리의 마음이 별 안에 한가득 해집니다. 꾸준히 오래, 그리고 뿌리 깊게 이 상태에 머무르는 마음 그 자체를 또한 의식해 봅니다.

별 명상을 하면서 어떤 생각과 느낌이 들었는지에 관하여 질문하고 서로의 의견을 공유해 봅니다.

> "저는 별 하나에 부모님, 별 하나에 스승님, 별 하나에 추억을 생각해 보았습니다."
>
> "저는 별 하나에 가족, 별 하나에 지금의 행복을 생각해 보았습니다."
>
> "저는 그냥 별이 별로 거기에 존재하는 것에 의미를 두고 싶어요. 그냥 존재하는 것으로 충분했습니다."
>
> "저의 별은 제가 사랑하는 사람들, 제가 하고 있는 일, 살아 있는 지금 그 자체입니다."
>
> "저는 별 하나에 저 자신, 별 하나에 가족, 별 하나에 친구들을 놓아 보았습니다. 생각을 많이 하게 되네요."
>
> "저는 저희 가족, 제가 일하는 병원, 제가 사는 동네를 생각해 보았습니다."
>
> "저는 별 하나에 나, 별 하나에 제 주변 사람들, 별 하나에 정신건강의학과를 생각해 보았습니다."
>
> "저는 어제 즐거운 저녁 식사를 같이 했던 주변 사람들이 생각났습니다."

2. '예기 불안'과 '과도한 걱정'이란

예기 불안(anticipatory anxiety)이란 미래의 어떤 상황이나 사건을 떠올렸을 때 불안반응이 일어날 것을 두려워하여 다시금 불안감이 증가하는 것을 말합니다. 그리고 과도한 걱정(excessive worry)이란 일어나지 않은 일에서 벗어나지 못하고 꼬리에 꼬리를 이어 가며 걱정하는 경향을 말합니다. 누구나 일어나지 않은 일에 걱정하는 성향을 가지고 있을 수 있는데 이 마음으로 인해 혼란스러워지곤 합니다. 이런 상황에서 호흡에 집중해 본다면 마음의 방황이나 혼란을 다룰 수 있게 됩니다.

공황장애, 광장공포증, 다른 불안장애들, 우울장애에서도 과도한 걱정이 나타날 수 있으며 예기 불안을 경험하게 될 수도 있습니다. 과도한 걱정, 예기 불안은 그저 생각일 뿐 사실이 아닙니다. 지나가는 것입니다. 미래의 일은 가 봐야 아는 것입니다. 우리는 흘러가는 구름과 같은 생각을 진실로 여기는 것을 경계해야 합니다. 우리의 정신세계는 현재 마음의 반영일 뿐이므로 실체 없는 것을 진실로 여기게 만드는, 판단하는 마음을 내려놓아야 합니다.

3. 생각과 감정 시나리오

기분이 안 좋을 때는 생각도 삐뚤어집니다. 나는 반가워서 쳐다보고 걷고 있는데, 그 사람은 아는 척을 안 하고 걸어갑니다. 눈이 안 좋을 수도 있고 그 친구가 바쁠 수도 있는데, 그때 기분 상태에 따라서 많은 감정이 듭니다. 어떤 생각, 감정, 신체감각들이 마음속에서 일어나는지 자각하고 같이 이야기해 봅시다(〈표 3-1〉, [유인물 3-1] 참조). 같은 상황에서도 참가자들마다 얼마나 다른 생각과 거기에 따른 다양한 감정을 불러일으키는지 살펴보십시오. 이러한 관찰을 통해서 우리는 감정이 어떤 사건에 대한 해석, 즉 우리의 그 사건에 대한 생각에서 비롯되었다는 것을 알 수 있습니다.

| 표 3-1 | 생각과 감정 시나리오: 나올 수 있는 반응과 대응 |

생각	감정
그는 심지어 나를 알아보지 못했다.	매우 화가 남
내가 뭘 어떻게 했었지? 그를 화나게 한 행동을 했음이 틀림없어.	걱정됨
아무도 나를 좋아하지 않아.	고립감, 혼자라는 느낌
나를 봤음이 틀림없어. 만약 못 본 척하고 싶었다면 좋아. 네 맘대로 해.	화가 남
그녀는 아마도 뭔가 걱정거리가 있나 보다. 그녀가 괜찮았으면 좋겠다.	걱정됨

출처: Segal, Williams, & Teasdale (2012).

유인물 3-1 불안 또는 우울 증상 서술하기

- 불안 또는 우울한 감정이 나타나기 전 스트레스(현재 또는 과거)를 쓰세요.

  예) 아내와 심하게 싸우고 난 후 가슴이 진정되지 않았다.

- 그때 어떤 신체적 증상이 있었나요?

  예) 정신이 혼미하고, 어지러웠다/가슴이 아프고 두근거렸다.

- 어떤 행동을 하니 증상이 좋아지던가요/나빠지던가요?

  예) 커피를 마시니까 더 불안해졌다/가만히 있었더니 좋아졌다.

- 증상이 심할 때 어떤 생각들이 떠올랐나요?

  예) 이러다 죽어 버릴 것 같다/미쳐 버릴 것 같다.

- 결국 어떻게 됐나요?

  예) 쓰러지지는 않았고 저절로 증상은 사라졌다/또 이런 증상이 생길 것 같아서 불안
  했다/공황발작이 일어났던 곳은 피한다.

4. 강렬한 감정 다루기

마음속에서 부정적인 강렬한 감정들이 일어날 때 이를 다루는 방법 중 하나는 마음을 텅 빈 맑은 하늘이라고 여기고, 그 속에서 일어나는 모든 생각이나 감정을 하늘 그 자체에는 영향을 미치지 않는 변화무쌍한 날씨라고 여기는 것입니다. 즉, 구름, 바람, 눈, 비 같은 변화무쌍한 날씨들은 왔다가 지나가는 '현상'이지만, 하늘은 항상 그 자체로 존재하며 이런 지나가는 현상들을 담는 그릇입니다. 날씨가 계속 변화하는 것처럼 일어났다 사라지는 모든 정신적·신체적 현상을 그냥 내려놓고 바라보십시오. 예를 들어, 외부의 스트레스 사건 직후에 부정적인 생각으로 '그 사람이 나한테 그런 식으로 말하다니, 정말 넌더리가 나'라는 생각이 들 때 '아, 나의 마음속에 두려움의 감정이 있구나' 또는 '이 또한 지나가리라'라는 마음으로 내 마음속에서 일어나는 변화를 그저 바라보십시오. 우리는 지나간 것, 지나가는 것, 미래에 대한 예측 불안감, 걱정 모두가 다 지나가는 것으로 생각할 수 있습니다. 이것 또한 지나가리라.

하지만 부정적인 강렬한 감정들, 생각, 신체감각은 다루는 것이 어렵기 때문에 이 세 가지를 구별하는 연습을 하기 위해서는 즐거운 경험을 알아차리는 연습을 먼저 하는 것이 도움이 됩니다([유인물 3-2] 참조). 이 연습이 충분히 되었다면 불쾌한 경험들에 대해서도 동일한 방법으로 연습해 보세요([유인물 3-3] 참조).

이것 또한 지나가리라

그림 3-6   강렬한 감정 다루는 방법

유인물 3-2 즐거운 경험 알아차리기

- 눈을 감고 호흡을 가다듬으며 즐거웠던 일을 떠올려 봅시다.
- 즐거웠던 일이 생각이 안 난다면 부정편향에서 벗어나, 지금 현재 호흡에 편안하게 집중하는 느낌을 떠올립니다.
- 즐거웠던 일이 떠오르면 눈을 뜨고 기록지에 즐거웠던 경험에 대한 생각, 감정, 신체감각 등을 쓰도록 합니다.
- 즐거웠던 이야기를 할 때 자신의 신체감각과 느낌이 어떠했는지 다시 한번 상기시키며 알아차림을 일상생활에 적용하여 봅시다.

어떤 경험을 했는가?	
당시 신체적으로 어떻게 느꼈는가?	
이 사건에 수반된 생각, 감정, 신체감각은 무엇인가?	
그 일이 일어나는 동안 무슨 생각이 들었는가?	
이 글을 쓸 때 마음에 떠오른 생각은 무엇인가?	

불쾌한 경험 기록지

불쾌한 일이 일어났을 때 이를 알아차리세요. 일어난 일에서 세부적인 점에 초점을 맞추어 자각하기 위해 다음의 질문을 활용하고, 아래에 기록해 보세요.

경험으로부터 동반된 생각, 감정, 신체감각을 구분하는 데 도움이 될 것입니다.

요일	어떤 경험을 했는가?	당시 신체적으로 어떻게 느꼈는가?	이 사건에 수반된 생각, 감정, 신체 감각은 무엇인가?	그 일이 일어나는 동안 무슨 생각이 들었는가?	이 글을 쓸 때 마음에 떠오른 생각은 무엇인가?
	예: 유선방송사에서 와서 우리 집 전선을 고쳐 주기를 기다리다가 직장의 중요한 모임을 놓치게 되었다.	관자놀이에 맥박이 뛰고, 어깨와 목이 죄어 들었으며, 앞뒤로 서성거렸다.	화, 무력감	'이게 그들이 말하는 서비스라는 거야?' '이 사람들은 책임감도 없으면서 시장을 독점하고 있다.' '이건 놓치고 싶지 않은 모임이었는데'	이런 느낌을 다시는 경험하지 않았으면 좋겠어.
월					
화					

수					
목					
금					
토					
일					

출처: Segal, Williams, & Teasdale (2013)에서 발췌. 저작권은 Guilford Press가 소유함. 해당 유인물의 복사본은 이 책을 구입한 사람만이 개인적인 목적으로 사용 가능합니다.

5. 행동양식과 존재양식

마음의 상태는 행동양식(doing mode)과 존재양식(being mode)으로 구분해 볼 수 있습니다.

행동양식은 단순히 어떤 행동을 하려고 하는 상태로 생각할 수도 있으나, 정확하게는 자신의 현재 상태와 자신이 생각하는 목표치 사이의 차이를 줄이기 위한 상태를 의미합니다. 즉, 자신이 생각하는 목표치에 이르기 위해 어떤 행동을 하는 상태를 뜻합니다. 우리의 평소 모습을 돌아보면 대부분 행동양식으로 살아가고 있다는 것을 알 수 있습니다.

언제나 당장 해야 할 일이 있고, 그 일을 준비하면서 부담을 느끼기도 하고, 하기 싫어하거나 회피하기도 하는 것이 바로 행동양식입니다. 많은 일이 이렇게 시작됩니다. 마음속에서 행복하기를 바라고, 더 기쁘게 살기를 바라고, 날씨가 더 좋기를 바라지만, 그렇지 못할 경우 마음이 힘들어집니다. '이렇게 되었다면 더 좋았을 텐데……' 하면서 불평하거나, 얻고자 하는 것을 얻은 뒤에도 다른 것을 바라게 됩니다.

행동양식이 강한 사람은 항상 자신이 부족하다고 여기고 부족한 부분을 채워 나가려는 생각으로 가득 차 있는 경우가 많습니다. 목표를 이루고 나면 또 다음 목표로 나아가기 위해 노력하지만, 끝이 없이 반복되다 보면 지치게 되는 경우도 흔합니다. 희로애락이 있는 것이 인생이겠으나, 화나거나 슬픈 것을 견디지 못하고 즐거움과 쾌락만 추구하게 됩니다. 이러한 이유로 행동양식으로 살아가는 삶은 항상 부족하게 느껴질 수밖에 없습니다. 이런 사람의 뇌에서는 흔히 '멍 때린다'고 표현하는 상태에서도 뇌의 내측 신경망이 활성화되어 편히 쉬지 못하고 걱정과 반추가 가득해서 괴로움을 느끼기 쉬워집니다.

표 3-2   행동양식과 존재양식의 차이점

행동양식	존재양식
현재 상태와 원하는 상태 사이의 차이를 줄이기 위해 습관적인 마음 패턴이 가동된다.	있는 것을 있는 그대로 '수용(accepting)'하고 '허용(allowing)'하는 것이다.
자동적으로 어떤 부정적인 감정이 일어난다.	지금 상태를 다른 상태로 바꾸려는 압박감을 느끼지 않는다.
현재, 과거, 미래에 대해 생각하고 이를 연결	여기, 지금 이 순간에 초점
과거 또는 미래에 집중한다.	지금 여기에 머문다.
평가하고, 비판한다.	무비판적이고, 수용적이다.
전체의 한 부분에 집중한다.	큰 그림을 의식, 파노라마식 관점이다.
파편화되었다고 느낀다.	전체가 하나로 온전한 느낌이다.
갈망을 느낀다.	편안한 느낌이다.
목표지향적이다.	해야 할 것도, 가야 할 곳도 없다.
추상적, 개념적이다.	구체적, 감각적이다.
언어활동이 매우 많다.	언어활동이 거의 없다.
단단한 신념을 견지한다.	오직 모를 뿐, '늘 새롭게 봄'
생각 속에 헤맴, 주의가 방황한다.	깨어 있음으로 현존한다.
확연한 객체로서의 자아를 말한다.	객체로서의 자아가 없거나 최소화된다.
확연한 주체로서의 자아를 말한다.	주체로서의 자아가 없거나 최소화된다.
자기 중심적 관점	타자 중심적 관점
(뇌의) 내측 신경망	(뇌의) 외측 신경망
행위를 할 때 활성화되는 (뇌의) 네트워크 (연결망)	명상할 때, 공감할 때, 현재에 존재할 때, 알아차림을 할 때 활성화되는 (뇌의) 네트워크 (연결망)

출처: Hanson (2020).

이에 반해서 존재양식은 성과를 내기 위한 목표를 두지 않습니다. 3세 아이가 이리저리 날아다니는 나비의 모습을 처음 보았습니다. 어린아이가 호기심을 가지고 나비를 쫓아다니고 있는 모습을 상상해 보십시오. 아이는 무엇인가 되기 위해 또는 이루기 위해 행동하는 것이 아닌, 단순히 나비에 관심을 가지고 현재 이 순간에 집중하고 있는 것입니다. 이때 어린아이처럼 단지 그 상황에 존재하며 현재 일어나는 일에 집중하는 것이 곧 존재양식을 의미합니다. 명상을 통해 현재에 집중하는 것, 인생에는 희로애락이 있음을 있는 그대로 받아들이고 살아가는 것, 날씨가 나쁘면 나쁜 대로 매력을 느끼고, 좋으면 좋은 대로 감사하게 느끼는 것이 존재양식입니다. 자신에 대해 평가하지 않는 대신 존재하고 있는 것만으로도 감사하게 느낍니다. 말이나 언어로 이루어진 생각보다도 행동이 앞서고 행동으로 판단합니다. 이럴 때에 우리의 뇌는 뇌 외측에 있는 신경망들이 활발히 작동하게 되며 현재 순간순간의 즐거움을 알아차릴 수 있게 됩니다.

6. 마음챙김의 4단계: 흩어진 마음을 모으기

마음챙김은 ① 현재의 경험에 집중하고, ② 마음이 방황하고, ③ 이를 알아차리고 나서, ④ 다시 현재의 경험에 대해서 주의 전환을 하는 4단계로 이루어집니다.

각 단계는 뇌의 신경망과 연관이 된다고 알려져 있는데, 첫 번째 단계에서는 현재 경험에 집중하는 중앙 집행 신경망(central executive network)에 속하는 뒤가쪽 전전두피질이 주로 활성화됩니다. 마음이 방황하는 두 번째 단계에서는 아무런 과제가 주어지지 않거나 흔히 멍

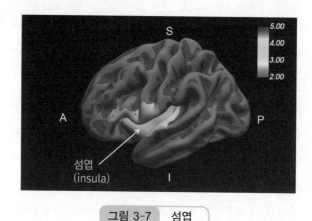

그림 3-7   섬엽

주: A(Anterior, 앞쪽), S(Superior, 위쪽), P(Posterior, 뒤쪽), I(Inferior, 아래쪽)

할 때 활성화된다고 알려진 내정상태 신경망(default mode network)이 연관되어 활성화 혹은 불활성화되기도 합니다. 마음의 방향을 알아차리는 세 번째 단계는 신체의 감각 처리와 관련된 영역인 섬엽과도 연관된다고 알려진 돌출정보 신경망(salience network)이 활성화됩니다. 마지막으로, 현재 경험에 대해 주의를 전환하는 네 번째 단계에서는 다시 중앙 집행 신경망에 속하는 오른쪽 뒤가쪽 전전두피질 및 오른쪽 뒤쪽 두정엽과 관련된 영역들이 연관성을 보인다고 알려져 있습니다.

7. 마음챙김 명상 2: 3분 호흡 명상

호흡은 우리가 매일 하는 자연스러운 행동입니다. 언제, 어디서든 할 수 있는 행동으로서 여러분의 마음이 혼란스럽거나 걱정이 많을 때 호흡에 집중하는 것은 이런 여러분의 마음 상태를 알아차리고 자동조종을 끊어 주는 도구가 될 수 있습니다. 다음의 3분 호흡 명상을 따라해 보며 방황하는 자신의 마음을 알아차리고 벗어나 봅니다.

1) 3분 호흡 명상의 세 가지 단계

- '내 마음의 상태가 어떻지?'라고 물음으로써 자동조종을 알아차리고 벗어납니다. 이 때, 자신의 현재 상태에서의 감정, 생각, 신체 감각이 어떤지 알아차려 봅니다.
- '호흡에 주의'를 돌리며 호흡에 흩어진 마음을 모읍니다.
- 호흡을 포함해 '온몸으로 주의'를 확장합니다. 가능하면 자신이 있는 공간으로 확대되는 느낌을 갖습니다.

2) 명상을 일상생활에 일반화시켜 적용하기

앞에서 연습한 3분 호흡 명상을 일상생활에서 지속적으로 사용할 수 있을 때까지 연습이 필요할 수 있습니다. 여러분은 앞으로 하루에 세 번, 정해진 시간에 3분 호흡 명상을 연습해 보세요. 그리고 이 연습에 익숙해진다면 여러분이 스트레스를 받는 어떠한 순간에라도 이 3분 호흡 명상을 해 보시길 바랍니다.

3회기 요약 흩어진 마음을 모으기

- 이번 회기에서는 보기 명상, 듣기 명상, 별 명상 및 3분 호흡 명상에 대해서 실습을 하면서 몸의 움직임과 호흡에 대한 알아차림을 실습해 보았다. 마음은 우리의 삶의 많은 부분에서 실제로 순간순간 '존재하지 않고', 과거의 끝마치지 못한 일들에 사로잡히거나 혹은 미래의 해야 할 일들을 위해 노력하다 보니 자꾸만 현재에서 멀어지고 그로 인해 마음이 방황하며 여러 가지 생각 속에서 자꾸만 헤매게 된다. 이런 흩어진 마음속에서 우리는 '지금 이 순간, 여기'로 다시 주의를 기울이며 의도적으로 돌아올 필요가 있다. 그 방법 중 한 가지가 몸의 움직임 또는 호흡을 알아차리는 것이며 이 과정을 통해서 우리는 현존과 다시 연결되며 마음이 모이고 진정되면서, 행동양식에서 조금씩 벗어나 존재양식에 있게 된다.

- 3분 호흡 명상의 3단계
  - '내가 어디에 있지(내 마음의 상태가 어떻지)?'라고 물음으로써 자동조종을 알아차리고 벗어난다.
  - 호흡에 주의를 돌리며 호흡에 흩어진 마음을 모은다.
  - 호흡을 포함해 온몸으로 주의를 확장한다.

- **주요 마음챙김 명상**: 보기 명상, 듣기 명상, 별 명상, 3분 호흡 명상

오늘의 과제

1. 주요 연습

- 3분 호흡 명상(매일, 하루 세 번)
- 보기 명상/듣기 명상

2. 일상에서의 연습

- 일상에서 하나의 활동(식사할 때, 칫솔질할 때, 샤워할 때, 옷을 입을 때, 운전할 때, 쓰레기를 버릴 때, 쇼핑할 때 등)을 골라서 3분 호흡 명상을 했던 것과 같이 그 행동을 할 때마다 순간순간 알아차릴 수 있도록 의도적으로 노력합니다.

불편한 감정의 인식 그리고 수용

오늘의 과제

생각과 편도의 상관관계를 이해하고, 불편한 생각이나 감정들을 마음챙김 명상을 통해 인식하고 수용하는 방법들을 익혀 봅시다.

1. 광장공포증

"공황장애뿐만 아니라, 광장공포증에 대해서도 알고 나니 제가 특정 상황에서 느끼는 불안을 구별하고 알아차리는 것도 도움이 되고 대처하기도 더 수월했어요."

– 마음챙김 기반 인지치료(2020년 11월)에 참여한 김○○ 님

광장공포증(agoraphobia)은 광장을 의미하는 'agora'와 공포증을 말하는 'phobos'의 그리스어에서 유래된 병명으로, 도움을 구하기 어려운 장소에서 느끼는 공포와 불안을 가진 질환입니다. 공황장애 환자들의 60%에서 광장공포증이 동반된다고 알려져 있을 정도로 공황장애와 광장공포증은 밀접한 관련이 있습니다. 하지만 공황장애와 광장공포증은 몇 가지 차이가 있습니다. 공황장애는 특정 상황이나 환경 없이도 일어날 수 있지만, 광장공포증은 특정 상황에 놓여 있을 때만 일어납니다. 게다가 공황장애는 '불안(공황)발작'이 있지만 광장공포증은 불안발작 없이 뇌 신경이 과민해지면서 여러 신체 증상이 뒤따릅니다.

하지만 광장공포증이나 공황발작 모두 뇌 신경이 (가상)위험을 판단하고, 이에 대해 신체가 '전투태세'를 갖춘다는 점에서는 동일합니다. 즉, 뇌 신경의 위험신호에 대해 교감신경이 과도하게 활성화되어 호흡

및 심박수의 부조화가 발생하는데, 이 때문에 신체 말단 부위로 가는 혈류량에 급격한 변화가 일어납니다. 그 결과, 산소 공급 등 기본적인 대사의 문제가 발생해 경련이나 마비와 같은 증상들이 동반됩니다. 공황장애 환자들이 죽을 것 같은 공포감, 질식감, 이인감(내가 아닌 느낌) 등이 드는 이유도 이 교감신경의 과민증에 이유가 있습니다.

2회기에서 우리는 '재앙화 사고' '자동사고'를 살펴보았고, 3회기에서 '예기 불안'에 대해서도 살펴보았습니다. 광장공포증에서 나타나는 교감신경의 긴장, 신체 반응이 일어날 경우, 자동사고를 멈추지 않는다면 '공황발작으로 이어지고 응급실에 실려 갈 것이다'라는 생각으로 인해 재앙화 사고에 빠지게 됩니다. 따라서 특정 상황에서 발생하는 광장공포증의 증상을 구별하고, 불안을 느끼는 상황에 대처전략을 세움으로써, 더 큰 불안의 악순환(vicious cycle)에 빠져들지 않을 수 있습니다.

1회기에서 살펴본 공황발작과 광장공포증에 대해서 다시 한번 기억해 봅시다.

1) 불안장애에서 공황발작과 광장공포증 진단기준의 비교

✄ 공황발작(panic attack)의 진단기준(DSM-5)

극심한 공포와 고통이 갑작스럽게 발생하여 수 분 이내에 최고조에 이르러야 하며, 그 시간 동안 다음 중 네 가지 이상의 증상이 나타난다. 갑작스러운 증상의 발생은 차분한 상태나 불안한 상태에서 모두 나타날 수 있다.

가슴이 두근거림	어지러움
땀	비현실적인 느낌이나 자신이 딴 사람처럼 느껴짐
몸이 떨림	미칠 것 같은 느낌이나 자제력을 잃을 것 같은 두려움

호흡이 가쁨, 숨쉬기 곤란함	죽을 것 같은 두려움
숨이 막히는 느낌	이상 감각(저린 감각)
가슴의 통증이나 불편함	춥거나 열이 확 오르는 느낌
구역질이나 복부 불편감	

✫ 광장공포증(agoraphobia)의 진단기준(DSM-5)

1. 다음 다섯 가지 상황 중 두 가지 이상의 경우에서 극심한 공포 또는 불안을 느낀다.
   1) 대중교통을 이용할 때(예: 자동차, 버스, 기차, 배, 비행기 등)
   2) 열린 공간에 있을 때(예: 주차장, 시장, 다리 등)
   3) 밀폐된 공간에 있을 때(예: 가게, 영화관, 공연장 등)
   4) 줄을 서 있거나 사람이 많은 곳에 있을 때
   5) 집 밖에서 혼자 있을 때

2. 공황 유사 증상이 발생했을 때 그 상황에서 벗어나기 어려울 것이라는 생각 때문에 그런 상황을 두려워하고 피한다.

3. 공포, 불안, 회피 반응은 전형적으로 6개월 이상 지속된다.

4. 공포, 불안, 회피가 사회적·직업적 또는 다른 중요한 기능 영역에서 임상적으로 현저한 고통이나 손상을 초래한다.

5. 만약 다른 의학적 상태가 동반된다면 공포, 불안, 회피 반응이 명백히 지나쳐야 한다.

6. 공포, 불안, 회피가 다른 정신질환으로 더 잘 설명되지 않는다.

2) 과호흡

과호흡(hyperventilation)은 공황발작의 첫 증상이거나 다른 증상에 영향을 주는 증상으로써 환자의 50~60%가 경험합니다. 숨이 가빠지면서 과호흡을 하게 되면 체내 산소가 증가하고 이산화탄소가 감소하면서 혈관이 수축되는 생리적 변화가 나타납니다. 이때 뇌로 가는 산소가 줄어들어 어지럽거나 시야가 흐릿해진다거나 혼란스러울 수 있습니다. 신체의 일정 부위로 가는 산소량이 줄어들어 감각이 둔화되거나 손발이 저리고 한기가 들거나 심박동이 증가할 수도 있습니다. 즉, 과호흡은 우리 인체가 위험한 상황일 때 보이는 당연한 반응이며, 뇌파 검사 등에서 일부러 유도할 때도 있을 만큼 위험한 것이 아닙니다.

2. 오늘의 뇌과학: 편도와 생각

우리의 뇌는 각 부위 고유 기능(function)과 연결망(network)으로 인해 다양한 기능을 수행합니다. 이 중 사람의 감각기관을 통해 들어온 정보는 시상을 거쳐 고위 뇌 과정을 거치는 대신 편도(amygdala)로 전달됩니다. 이와 같은 빠른 정보전달은 위험을 인지하고 피하는 데 도움이 됩니다. 하지만 과거의 불편한 경험에 의한 것이거나 생물학적으로 타고난 상태에 의해 편도가 과도하게 활성화되면 병적인 불안반응이 나타나 피하지 않아도 될 것을 피하게 만듭니다. 공황, 불안, 우울 모두 편도의 반응입니다. 따라서 편도가 활성화된 경우는 계속 미래에 대한 불안이 생기고 예기 불안도 생기고 병적인 걱정이 지속적으로 생기게 됩니다. 과활성된 편도를 약물치료와 인지행동치료로 안정화시키면 불쾌한 감정을 좋아지게 할 수 있습니다.

편도로 도달한 정보는 이후 대뇌 피질로도 전달되기 때문에 대뇌 피질에서 현재 경험하는 감각을 어떻게 생각하고 판단하는지에 따라서 우리는 다르게 반응할 수 있습니다. 마음챙김은 대뇌 피질-편도 연결에 관여하여 이를 안정화시킨다는 연구 결과가 많습니다. 우리가 놀라지 말고 판단하지 않고 내버려 두기(Let it be, 존재하게 두기)를 하게 되면 편도의 안정화에 도움을 줄 수 있다는 것입니다.

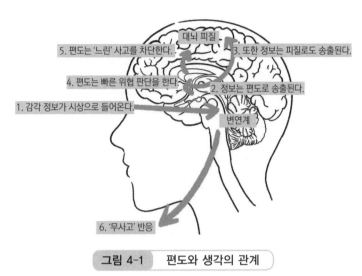

그림 4-1   편도와 생각의 관계

주: 무사고 반응은 대뇌 피질에서의 판단 과정을 거치지 않고 즉각적으로 나타나는 반응을 의미합니다.
출처: 편도 우회 경로(the amygdala bypass system; http://changingminds.org)를 참고하여 저자가 새로 그린 그림임.

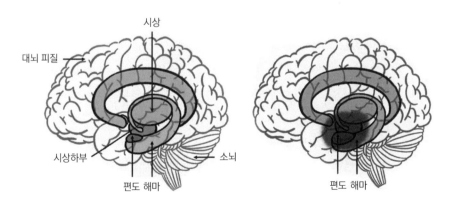

그림 4-2   편도 이해하기

3. 마음챙김 명상 1: 3분 호흡 명상

- 편안하게 앉도록 합니다. 가부좌가 가능하면 가부좌를 하셔도 좋겠습니다. 호흡 명상을 합니다. 코끝이나 아랫배에 주의를 집중하면서 숨이 들어오는 것과 나가는 것에 주의를 집중합니다. 명상의 습관이 뿌리 깊이 박힌다는 느낌을 떠올려 보세요.

- 당신의 마음에 무엇이 지나가는지 자각하도록 하십시오. 어떤 생각이 떠올랐습니까? 다시 가능한 한 최선을 다해 떠오른 생각을 마음의 사건으로 알아차리십시오. 그것들을 알아차리고 그 순간에 떠오른 감정에 주목하십시오. 특히 불편감이나 불쾌한 감정이 일어났다면 이것에 주목하십시오. 이것들을 밀어내 버리거나 내쫓아 버리지 말고 인정하고 "아! 거기 있구나. 이게 바로 지금 드는 느낌이야."라고 말하십시오. 그리고 신체감각과 비슷하게 긴장감 혹은 다른 느낌이 있습니까? 그리고 다시 그것들을 자각하고 주목하십시오. 좋습니다. 그게 지금의 느낌입니다.

- 호흡을 신체 전체로 확대시켜 발끝부터 머리끝까지 호흡이 들어왔다가 다시 나갑니다. 호흡을 반복하면서 생각, 감정, 신체감각의 변화가 있다면 이를 알아차리세요.

- 호흡은 '현재' 일어나는 일이며 과거와 미래를 내려놓고 현재 순간에 자신을 안정시키도록 도움을 줄 수 있습니다. 마음이 방황한다면 다시 돌아와 의도적으로 호흡에 집중하고 호흡에서 일어나는 현상을 바라보십시오. 반추적인 생각으로 채워져 있던 마음이 다시 호흡으로 대체됩니다. 호흡을 하다가 떠오르는 생각은 사실도 아니고 그저 생각일 뿐입니다. 생각을 생각으로 보고 이런 생각을 하고 있구나 판단하지 말고, 그저 알아차림을 환영하세요 (5분간 지속 후 종료).

4. '불편한 감정(불쾌감이나 회피)' 인식하기

- 부정적인 경험과 관계를 맺는 습관적인 방식을 그만두고, 상황을 더 분명하게 보고, 판단과 기대에서 '탈중심화(decentering)'해 봅니다.
- 일상생활에서 불편한 감정이나 생각을 내려놓는 가장 쉬운 방법은 상황을 바꾸려는 노력을 중단하는 것에서 시작함을 기억합니다.
- 느낌이 즐겁지도, 불쾌하지도 않고 중립적일 때, 습관적인 반응은 흥미를 잃고, 그 순간의 경험에서 떨어져 나와 연결이 끊어지며 우리는 지루해질지도 모릅니다.

얼음물이 들어 있는 컵 한 잔을 떠올려 봅시다. 실제 얼음물 한 잔을 준비하셔도 좋습니다. 놓여 있는 컵 안에는 얼음물이 들어 있다는 것이 실제 우리가 경험하는 감각경험일 수 있습니다. 그러나 생각하기에 따라서는 더운 여름날 얼음물로 갈증을 해소한 즐거운 경험을 떠올릴 수도 있고, 예상치 못하게 얼음물을 마셨다가 이가 시리거나 두통을 느꼈던 경험을 떠올릴 수도 있습니다. 경우에 따라서는 아무런 느낌도 느끼지 않고 '단지 얼음물 한 컵이 놓여 있다'는 점만 머릿속에 떠오를 수도 있습니다.

이처럼 우리는 감각기관의 정보를 다시금 해석하는 과정을 거치게 되고, 즐거운 느낌에는 집착하고, 불쾌한 느낌은 혐오하게 됩니다. 불안을 느끼는 각자의 상황이 있다면 그 상황을 상황 자체로만 바라보며 집착도, 혐오도 하지 않는 연습이 마음챙김을 이해하는 출발점입니다.

5. 불편한 감정을 받아들이기

- 불편한 감정을 흘러가게 내버려 두면 현재 호흡하는 느낌으로부터 '내가 존재한다'는 생각이 들고 그것이 긍정적인 감정을 유발합니다.
- 긍정적인 감정들(예: 만족감, 평화, 만족, 사랑, 내 집 같은 상태)이 유발되면 부교감신경계가 활성화되어 스트레스 호르몬 분비가 감소하고 교감신경계의 싸움-도피 반응도 감소합니다.
- 우리 몸에는 통증을 감소시키는 자연 오피오이드(opioid) 물질이 존재하는데, 힘든 감정을 느낀 뒤에는 이 물질로 인해 통증이 줄어들게 됩니다.
- 또한 우리 몸에는 양육, 사랑, 편안함을 느낄 때 옥시토신(oxytocin)이라는 호르몬이 분비되는데, 의미 있는 사람들과 우리가 연결되어 있다는 느낌이 증가할 때, ① 옥시토신 분비가 활성화되고, ② 편안함은 증가하고 불안감은 감소합니다.

탁 트인 푸른 초원, 집 근처 공원의 잔디를 바라보며 기분 전환을 한 경험을 떠올리며 마음의 안식을 얻은 경험이 있으신가요? 만족감, 평화, 사랑, 내 집 같은 상태의 느낌, 긍정적인 감정을 떠올리며 충만감을 느껴 보는 경험은 교감신경을 안정시키는 데 도움이 됩니다.

6. 마음챙김 명상 2: 듣기 명상과 보기 명상

의자가 바닥을 긁는 소리나 사람들이 기침하는 소리를 듣는 것이 아니라 음의 고저와 톤, 크기의 패턴을 듣습니다. 우리는 책상, 벽면, 의자 등을 보면서 장면의 요소를 보는 대신, 단순한 색이나 형태, 움직임의 패턴을 보도록 합니다. 만일 우리가 듣거나 보는 것에 대하여 다른 생각을 하게 될 경우 단지 '듣는 것' 또는 '보는 것'으로 주의를 돌리도록 합니다. 이를 통하여 우리는 어떤 것을 판단하는 것이 아닌, 단지 현재 일어나고 있는 것들에 대한 패턴을 인식할 수 있게 됩니다.

1) 듣기 명상

다음 제시된 듣기 명상 스크립트를 이용하여 듣기 명상을 해 봅시다.

- 편안하게 앉도록 합니다. 눈을 감습니다. 호흡 명상을 합니다. 코끝이나 아랫배에 주의를 집중하면서 숨이 들어오는 것과 나가는 것에 주의를 집중합니다. 명상의 습관이 뿌리 깊게 박힌다는 느낌을 떠올려 보십시오.
- 호흡에 집중하다가 의식의 초점을 듣는 것으로 옮깁니다. 귀에 집중하고 주의를 개방하고 넓혀서 어떤 것이든 소리가 나는 그대로 받아들입니다.
- 어떤 방향에서 소리가 나는지 알아차리십시오. 정면에서 나는지, 뒤 혹은 옆에서 나는지, 위 혹은 아래에서 나는지를 알아차리십시오.
- 가까운 곳인지, 아니면 먼 곳의 소리인지 알아차리십시오.
- 소리 사이에 공백이 있는지, 소리가 끝났는지 알아차리십시오.

● 소리를 소리로 알아차리고 소리에 대한 연상이 되거나 소리에 대해서 생각
하게 되면, 이를 알아차리고 소리의 고저 혹은 패턴, 크기, 지속시간에 집중
합니다(3분간 지속 후 종료).

2) 보기 명상

앞선 3회기에서 별을 이용한 보기 명상을 소개해 드린 바 있습니다.
우리 주변에서 흔히 마주할 수 있지만, 동시에 쉽게 지나쳐 버릴 수 있
는 다른 사물에 대해서도 보기 명상을 시도해 볼 수 있습니다. 다음에
제시된 사진을 이용하여 보기 명상을 해 봅시다.

그림 4-3　보기 명상 1

그림 4-4   보기 명상 2

그림 4-5   보기 명상 3

7. 마음챙김 명상 3: 정좌명상

정좌명상을 시작하기 전에 가능하면 편안한, 명상을 끝까지 유지할 수 있는 자세를 취하는 것이 좋습니다. 정좌명상에서는 호흡에 주로 집중하게 되는데, 호흡에 대해 살펴보겠습니다. 우선, 호흡은 '현재' 일어나는 일이며, 과거와 미래를 내려놓고 현재 순간에 자신이 머물러 있도록 도움을 줄 수 있습니다. 의도적으로 호흡을 알아차린다면, 반복해서 떠오르는 생각이 머릿속을 가득 채우고 있을 때 그 생각에서 벗어날 수 있게 합니다. 호흡에 집중하면 일시적으로는 반추 사고가 차지하고 있던 공간을 호흡으로 대체하게 되기 때문입니다. 호흡을 하는 것은 생각을 생각으로 바라보는 메타인지 알아차림을 가능하게 할 수 있습니다. 즉, 호흡 명상을 통해서 '반추 사고를 증가시킬 수 있는 양식'에서 '직접적인 경험을 강조하는 양식'으로 정신적인 중심축을 변경시켜 줄 수 있게 됩니다.

- 호흡 명상을 연습해 봅니다.
- 호흡을 제대로 자각한다고 느꼈을 때, 의도적으로 호흡뿐 아니라 몸 전체의 신체적 감각으로 알아차림을 확장해 보겠습니다. 호흡할 때 아랫배의 움직임을 자각하면서 관심의 초점을 옮겨 몸 전체의 감각과 신체를 통해 감각이 변화하는 양상을 알아차려 봅니다. 몸 전체가 호흡을 하는 것처럼 신체를 통해 호흡의 움직임을 느껴 봅니다.
- 몸 전체의 감각을 알아차리는 것으로 넓혀 가며 숨이 들어왔다 나갔다 하는 것을 알아차림과 동시에 신체 각 부분에 주의를 집중해 봅니다. 특히 몸이

마룻바닥이나 의자, 방석에 닿는 부분에서 느껴지는 촉감이나 무게에 주의를 집중해 봅니다. 또한 다리나 무릎이 바닥과 닿는 느낌, 엉덩이를 지탱하거나 허벅지에 놓인 손, 그 밖의 다른 신체감각에 주의를 집중해 봅니다. 가능한 한 최선을 다해 호흡을 알아차리고 신체감각에 대한 자각을 넓혀 가면서 알아차림을 몸 전체로 느껴 봅니다.

- 마음은 계속해서 호흡과 신체감각을 떠나 방황할 것입니다. 이것은 자연스럽고 당연한 일이며 결코 실패나 실수가 아닙니다. 신체감각으로부터 자각이 떠돌아다니는 것을 알게 될 때마다, 여러분은 스스로를 격려할 수 있습니다. 여러분은 '깨어 있고 알아차렸던 것'입니다. 여러분의 마음이 어디에 있는지 알아보고 호흡과 몸 전체의 감각에 부드럽게 주의를 돌려 봅니다.

- 가능한 한 매 순간 신체를 통해 느껴지는 감각을 있는 그대로 느끼면서 주의를 기울여 봅니다.

- 앉아 있을 때 허리나 무릎, 어깨의 통증과 같은 감각이 있을 때 이는 특별히 강렬하게 느껴질 수 있습니다. 그리고 여러분은 반복해서 이런 감각에 주의를 빼앗겨 호흡으로부터 멀어질 수 있습니다. 이런 순간이 오면 강렬한 감각을 느끼는 부위에 의도적으로 주의를 기울여 봅니다. 가능한 한 최선을 다해 그곳에서 느껴지는 감각을 세밀하고 부드럽고 현명하게 탐색해 보는 기회로 이용할 수 있습니다. 그 감각은 정확하게 어떤 느낌인가요? 정확하게 어디에서 느껴지는지요? 시간에 따라 달라지거나 부위가 옮겨지나요?

- 감정의 경우와 마찬가지로 너무 많이 생각하지 말고 호흡을 이용하여 신체감각 명상처럼 강렬한 감각을 느끼는 부위를 알아차려 봅니다.

- 신체감각의 세기를 알아차리다가 주의가 떠돌아다니는 것을 발견할 경우 호흡과 모든 신체감각에 다시 초점을 돌리고 지금 그리고 여기로 되돌아오면 됩니다. 일단 주의 집중을 하게 되면 다시 한번 이를 확장시켜 몸 전체의 감각을 알아차리도록 합니다.

8. 마음챙김 명상의 활용

- 호흡 명상을 통해 마음이 어디에 있는지를 알아차리고, 마음이 초점을 벗어났다는 사실을 받아들이고, 온화하게 주의를 호흡으로 되돌려 봅니다(호흡은 우리와 언제나 함께합니다).
- 듣기 명상, 보기 명상을 통해 생각을 내려놓고, 들리고 보이는 것에만 초점을 되돌려 봅니다.
- 정좌명상을 통해 단지 마음이 어디로 갔는지 알아차리고 현재로 주의 초점을 되돌려 봅니다.

(4회기 요약) 불편한 감정의 인식 그리고 수용

- 광장공포증(agoraphobia)은 광장을 의미하는 'agora'와 공포증을 말하는 'phobos'의 그리스어에서 유래된 병명으로 공포, 불안을 가진 질환이다. 병적 불안은 주로 편도의 과도한 활성에 기인한다.

- 그 동안 불편한 경험, 감정을 습관적인 방식으로 회피하고 있었을 수 있다. 어쩌면 불편한 경험에서 벗어나려 할수록 더 벗어나기 어려운 경험을 했을 수도 있다. 매사를 내려놓는 가장 쉬운 방법은 상황을 바꾸려는 노력을 중단하는 것에서 시작함을 기억하라.

- 다음 시간은 5회기로서 후반부에 접어든다. 그 동안 배운 내용 중 정좌명상, 3분 호흡 명상을 다시금 활용하고 연습하며 불편한 감정을 어떻게 수용할지에 대해 더 알아볼 것이다.

- **주요 마음챙김 명상**: 3분 호흡 명상, 듣기 · 보기 명상, 정좌명상

📖 오늘의 과제

1. 주요 연습(매일 한 가지 이상)

- 정좌명상(매일)
- 바디스캔 명상, 호흡 명상

2. 짧은 연습

- 5분간 듣기 명상/보기 명상
- 3분 호흡 명상(하루 세 번, 스트레스받을 때마다)

3. 일상에서의 연습

- 일상에서 하나의 활동(식사할 때, 칫솔질할 때, 샤워할 때, 옷을 입을 때, 운전할 때, 쓰레기를 버릴 때, 쇼핑할 때 등)을 골라서 먹기 명상(견과류 명상)을 했던 것과 같이 그 행동을 할 때마다 순간순간 알아차릴 수 있도록 의도적으로 노력합니다.

5회기

허용하기와
내버려 두기

오늘의 과제

의도적인 수용하기와 체념하기의 차이점을 이해하고, 수용하는 태도가 우리에게 주는 긍정적인 효과 및 수용하는 구체적인 방법들을 알아봅시다.

1. 마음챙김 명상 1: 정좌명상

정좌명상을 시작하기 전에 가능하면 편안한, 명상을 끝까지 유지할 수 있는 자세를 취하는 것이 좋습니다. 정좌명상에서는 호흡에 주로 집중하게 되는데, 호흡에 대해 살펴보겠습니다. 우선, 호흡은 '현재' 일어나는 일이며, 과거와 미래를 내려놓고 현재 순간에 자신이 머물러 있도록 도움을 줄 수 있습니다. 의도적으로 호흡을 알아차리는 것은 반복해서 떠오르는 반추의 생각이 머릿속을 가득 채우고 있을 때 그 생각에서 벗어날 수 있게 합니다. 호흡에 집중하면 일시적으로는 반추의 생각이 차지하고 있던 공간을 호흡으로 대체하게 되기 때문입니다. 호흡을 하는 것은 생각을 생각으로 바라보는 메타인지 알아차림을 가능하게 할 수 있습니다. 즉, 호흡 명상은 반추의 생각을 증가시키는 양식에서 직접적인 경험을 강조하는 양식으로 정신적인 중심축을 바꿀 수 있게 도와줍니다.

- 호흡 명상을 연습해 봅니다.
- 호흡을 제대로 자각한다고 느꼈을 때, 의도적으로 호흡뿐 아니라 몸 전체의 신체적 감각으로 알아차림을 확장해 보겠습니다. 호흡할 때 아랫배의 움직임을 자각하면서 관심의 초점을 옮겨 몸 전체의 감각과 신체를 통해 감각이 변화하는 양상을 알아차려 봅니다. 몸 전체가 호흡을 하는 것처럼 신체를 통해 호흡의 움직임을 느껴 봅니다.
- 몸 전체의 감각을 알아차리는 것으로 넓혀 가며 숨이 들어왔다 나갔다 하는 것을 알아차림과 동시에 신체 각 부분에 주의를 집중해 봅니다. 특히 몸이 마룻바닥이나 의자, 방석에 닿는 부분에서 느껴지는 촉감이나 무게에 주의를 집중해 봅니다. 또한 다리나 무릎이 바닥과 닿는 느낌, 엉덩이를 지탱하거나 허벅지에 놓인 손, 그 밖의 다른 신체감각에 주의를 집중해 봅니다. 가능한 한 최선을 다해 호흡을 알아차리고 신체감각에 대한 자각을 넓혀 가면서 알아차림을 몸 전체로 느껴 봅니다.
- 마음은 계속해서 호흡과 신체감각을 떠나 방황할 것입니다. 이것은 자연스럽고 당연한 일이며 결코 실패나 실수가 아닙니다. 신체감각으로부터 자각이 떠돌아다니는 것을 알게 될 때마다, 여러분은 스스로를 격려할 수 있습니다. 여러분은 '깨어 있고 알아차렸던 것'입니다. 여러분의 마음이 어디에 있는지 알아보고 호흡과 몸 전체의 감각에 부드럽게 주의를 돌려 봅니다.
- 가능한 한 매 순간 신체를 통해 느껴지는 감각을 있는 그대로 느끼면서 주의를 기울여 봅니다.
- 앉아 있을 때 허리나 무릎, 어깨의 통증과 같은 감각이 있을 때 이는 특별히 강렬하게 느껴질 수 있습니다. 그리고 여러분은 반복해서 이런 감각에 주의를 빼앗겨 호흡으로부터 멀어질 수 있습니다. 이런 순간이 오면 강렬한 감각을 느끼는 부위에 의도적으로 주의를 기울여 봅니다. 가능한 한 최선을 다해 그곳에서 느껴지는 감각을 세밀하고 부드럽고 현명하게 탐색해 보는 기회로 이용할 수 있습니다. 그 감각은 정확하게 어떤 느낌인가요? 정확하

게 어디에서 느껴지는지요? 시간에 따라 달라지거나 부위가 옮겨지나요?

- 감정의 경우와 마찬가지로 너무 많이 생각하지 말고 호흡을 이용하여 신체 감각 명상처럼 강렬한 감각을 느끼는 부위를 알아차려 봅니다.
- 신체감각의 세기를 알아차리다가 주의가 떠돌아다니는 것을 발견할 경우 호흡과 모든 신체감각에 다시 초점을 돌리고 지금 그리고 여기로 되돌아오면 됩니다. 일단 주의 집중을 하게 되면 다시 한번 이를 확장시켜 몸 전체의 감각을 알아차리도록 합니다.

2. 원치 않는 경험 탐색: 회피(걱정)

세 아들을 둔 아버지가 있었다. 첫째, 둘째 아들은 어려서부터 잘생기고 똑똑해서 인기가 있었다. 아버지는 첫째와 둘째 아들을 위하여 장난감을 자주 사 주었다. 하지만 셋째 아들은 잘생기거나 똑똑하지도 않았으며, 학교에서 자주 말썽을 피우곤 하여 친구들 사이에서 인기도 없었다. 셋째 아들이 스무 살이 되었을 때 대학에 입학하게 되자 아버지는 셋째 아들을 위해 집을 얻어 주며 혼자 살 수 있게 경제적으로 도와주었다.

1년 후, 셋째 아들이 아버지에게 "저는 여기서 혼자서 살 수 없습니다. 대학교 친구들이 가끔 돈을 달라고 하면서 나를 너무 힘들게 하고 따돌려요."라며 전화를 해 오자 아버지는 첫째 아들의 조언대로 아들을 위해서 더 좋은 집을 얻어 주었다. 하지만 1년 후 아버지는 셋째 아들에게 "저는 여기서 살 수가 없습니다. 친구들이 나를 너무 힘들게 해요."라고 또다시 연락을 받았다. 이후 아버지는 둘째 아들의 조언대로 더 좋은 집을 얻어 아들이 스트레스를 덜 받게 도와주었다.

> 그러나 1년 후, 셋째 아들은 "아버지, 친구들 때문에 도저히 살 수가 없을 것 같아요."라는 연락이 왔다.
>
> 그래서 아버지는 결국 셋째 아들에게 "집으로 들어와서 나와 함께 머물도록 해라. 아들을 위해서 내 돈을 투자하는 것보다는 셋째 아들을 곁에 두고 사랑하는 법을 배우는 게 더 좋겠다."라고 말했다.

1) 일상생활에서의 불쾌한 경험에 대한 자동반응

우리는 불쾌한 일에 대해서 그 일과 멀어지려고 하거나 반감을 갖게 되는 식으로 반응하곤 합니다. 즉, 원치 않는 불쾌한 경험에 대해서 미리 걱정하거나 회피하는 행동을 합니다.

회피(걱정)와 밀접하게 연결된 생각은 매사가 지금 상태와 다르기를 바라는 것입니다. 하지만 회피(걱정)는 부정적인 일에 부정적인 것을 더할 뿐 정작 그 문제를 다루는 데 도움이 되지 않습니다. 우리가 살아가면서 겪는 경험들에서 벗어나기보다 그것과 함께 머무른다는 것은 현재에 머무르는 것을 뜻합니다. 현재에 머무르며 불쾌한 경험조차 집중해서 바라보다 보면 마음에 내재되어 있는 '지혜'가 드러나 문제를 다룰 수 있게 되고, 보다 효과적인 해결법을 제시할 수 있게 됩니다. 마음챙김 명상은 우리에게 판단과 기대를 제거함으로써 부정적인 경험과 관계를 맺는 습관적인 방식을 그만두게 합니다.

3. '현재에 머무르기'란 무엇인가

그렇다면 과연 현재에 머무르는 것은 구체적으로 어떤 것일까요? 현재에 머문다는 것은 매 순간 일어나는 경험을 잘 자각(알아차림)하는 것입니다. 즉, 부정적인 사고의 흐름에 빠져드는 오래된 습관을 내려놓고 그저 자신의 마음 상태에 주목하는 것인데, 우리는 현재 느껴지는 호흡 상태, 신체감각, 들리는 소리, 생각을 자각하면서 현재에 머무를 수 있습니다. 이렇게 현재에 머무르게 되면 우리는 주변 환경을 보다 명료하고 직접적으로 보고 그것과 새롭게 관계 맺을 수 있게 됩니다.

마음챙김 명상의 궁극적인 목표는 신체의 이완이나 행복감에 있는 것이 아니며, 오히려 유쾌하거나 불쾌한 생각, 감정, 사건에 대해 의미를 부여하고 판단하고 자동적으로 반응하려는 경향성에서 자유롭게 되는 것입니다. 즉, 마음챙김 명상은 마음의 방황을 막는 것이 아니며, 마음이 방황을 하고 있을 때 비판단적인 방식으로 이를 자각하는 것이라고 할 수 있습니다. 이러다 보면 모든 것이 지나가는 것이고 흘러가는 것이어서 수용하고 지나가게 두는 여유가 생깁니다.

우리가 의미를 부여하고 판단하는 것들 모든 것이 사실은 구름과 같이 흘러가는 것들입니다.

머릿속에서 떠오르고 느끼는 것들 모든 것이 영속적인 것은 없습니다.

1) 수용하기(accepting)와 허용하기(allowing)

이렇게 우리가 현재에 머무른다는 것은 현재의 경험에 대해서 수용적이고 허용적인 태도를 갖는 것이기도 합니다. 하지만 한편으로 '수용하라는 건 그냥 체념하라는 것 아닌가요?'라는 생각이 들 수도 있습니다. 체념하기(giving up)와 수용하기는 비슷하다고 생각할 수 있지만 사실상 반대의 개념입니다.

수용하기는 부정적인 사건들에 대해서도 수동성과 무력감으로 반응하지 않고, 오히려 의식적으로 그 사건에 몰입하고 에너지를 들여 부정적인 감정을 내쫓으려는 어떤 시도도 하지 않은 채 강렬한 감정을 포함해서 상황을 있는 그대로 만나는 것입니다. 그리고 우리는 '원치 않는' 어떤 것에서 '개방적인' 어떤 것으로 경험의 기본 태도를 허용적으로 바꾸면, 조건화되고 습관적인 반응의 사슬을 초기 연결 과정에서 끊을 수 있게 됩니다.

- 수용이란 무엇이 지나가건 그대로 두는 것
- 수용이란 그냥 내버려 두는 것(Let it go)
- 수용이란 현재 상태를 다른 상태로 만들기 위해 애쓰지 않고, 거기에 무엇이 있는지 단순하게 알아차리고 관찰하는 것
- 수용을 통해서 자연스럽게 현재로 집중의 초점을 되돌릴 수 있다.

표 5-1　체념하기과 수용하기의 차이점

부정적인 사고방식(체념하기)	마음챙김 기반 인지치료 접근 방법(수용하기)
• 감정을 회피하는 것으로서 부정적인 감정이 남아 있는 것 • 예를 들면, 돛을 달고 항해하다가 센 바람을 이겨 내지 못할 것 같을 때, 노를 저어 거슬러 가지도 않고, 돛을 내리지도 않고 포기하는 것	감정을 바꾸거나 회피하려 하기 전에, 적극적으로 의도를 가지고 감정을 그대로 두거나 내려놓는 것
• 일종의 자동사고에 해당 • 부정적 사건을 수용하지 않고 수동성과 무력감으로 반응	의식적으로 몰입하고 자신의 감정을 인지해야 함
• "역시 난 원래 그래" • "어쩔 수 없어" • "또 이런 일이 내게 일어났어"	"OK 이런 생각을 하고 흘려보냄"

출처: Segal, Williams, & Teasdale (2012).

4. 의도적인 수용하기와 허용하기가 우리에게 주는 효과

생각이나 감정은 자동적으로 흘러가는 특성이 있으며, 우리의 의식은 그 자동적인 흐름을 그대로 따라가게 됩니다. 이때 의도적으로 주의를 기울이는 연습은 자동적인 생각/감정에 주의가 집중되는 상태에서 벗어나게 해 줍니다. 그렇게 되면 우리는 현재의 경험에 대한 기본적인 태도를 '원치 않는' 것으로 보면서 힘들어하는 대신, 보다 '수용적'인 관점에서 바라볼 수 있게 됩니다. 억지로 생각을 잡아 두면서 그 생각에 빠져들거나 억지로 밀어내면 그 생각은 오히려 계속 내 곁에 있고 꼬리에 꼬리를 물게 됩니다. 우리가 부정적인 감정과 함께해도 여전히 우리는 괜찮을 수 있다는 것, 즉 부정적인 감정들일지라도 우리가 억지로 밀어내지 않는다면 모든 감정은 그 나름대로 지나가게 되어 있다는 것을 알아차릴 기회를 줍니다.

고통스러운 생각이 머리에서 떠오를 때 이것 또한 지나가는 구름 같은 것이고 삶에서 잊히는 것이라는 생각을 잊지 마세요. 다른 사람들이 이것을 어떻게 생각할까? 다른 사람들은 당신에게 본질적으로 당신만큼 관심이 없습니다. 다 잊히게 되어 있습니다. 현재의 순간만이 현존하고 가치를 느끼게 해 줍니다. 내 마음에서 흘러가도록 내버려 두십시오.

1) 오늘의 뇌과학 1: 수용하기와 관련된 뇌의 변화

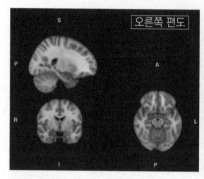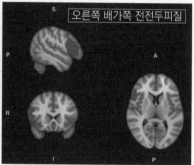

| 그림 5-1 | 수용하는 동안 증가되는 편도(왼쪽 그림)와 배가쪽 전전두피질 (오른쪽 그림) 사이의 기능적 연결성 |

출처: Ellard, Barlow, Whitfield-Gabrieli, Gabrieli, & Deckersbach (2017).

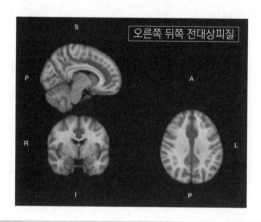

| 그림 5-2 | 수용하는 동안 증가되는 뒤쪽 전대상피질의 활성도 |

출처: Ellard et al. (2017).

그렇다면 수용하는 태도를 가질수록 우리의 뇌는 어떻게 변할까요? 연구 결과에 의하면 우리가 부정적인 사건들에 대해서 걱정하거나 자신의 부정적인 감정에 대해서 억누를 때에 비해서, 수용하는 태도를 가질수록 뇌의 뒤쪽 전대상피질(dorsal anterior cingulate cortex: dACC)의 활성도가 증가하거나, 배가쪽 전전두피질(ventrolateral prefrontal cortex: vlPFC)과 편도(amygdala) 사이의 기능적 연결성이 증가하는 경향이 있었습니다. 쉽게 말해, 수용을 하게 되면, 감정과 관련이 있는 '편도'와 '편도를 조절하는 전두엽 주위 조직'의 연결이 강화되면서 과도한 감정 반응을 조절할 수 있게 됩니다.

2) 오늘의 뇌과학 2: 섬엽

수용하게 되면 섬엽(insula)이 발달합니다. 섬엽은 행복을 느끼게 해 주는 중요한 센터입니다. 수용은 노력에 의한 행복감을 줍니다.

전두엽과 두정엽, 측두엽에 의해 덮여 보이지 않는 삼각형 모양의 대뇌 피질 영역인 섬엽([그림 5-3] 참조)은 정서 처리나 신체의 감각 처리와 관련된 대표적인 영역으로 그 외에도 자기 자신의 감정을 인식하거나 타인의 감정을 인식하는 공감(empathy) 능력과 관련된 대인관계 기능에 중요한 뇌의 영역입니다.

또한 좌뇌와 우뇌를 연결하는 가장 큰 뇌의 백질인 뇌량(corpus callosum)뿐만 아니라 뇌의 회백질에 속하는 섬엽 또한 좌뇌와 우뇌를 통합하고 연합하여 언어 및 감정과 관련된 기능에 영향을 미치는 영역이기도 합니다.

불안장애 환자들을 대상으로 한 선행 연구에서는 섬엽의 기능이 안 좋을 경우 불안민감도(anxiety sensitivity)와 연관성이 있음을 보여 주었

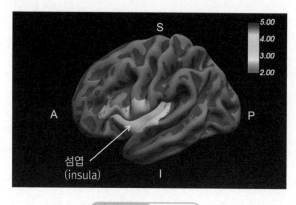

그림 5-3   섬엽

주: A(Anterior, 앞쪽), S(Superior, 위쪽), P(Posterior, 뒤쪽), I(Inferior, 아래쪽)

으며([그림 5-4] 참조), 건강한 성인들을 대상으로 한 또 다른 선행 연구에서는 섬엽의 부피가 클수록 행복감이 증가하는 것을 확인하기도 하였습니다([그림 5-5] 참조). 이는 섬엽의 기능이 안 좋은 불안장애 환자라 하더라도 이를 잘 조절하면 행복감을 느끼게 된다는 점을 시사합니다.

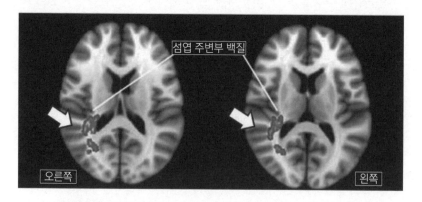

그림 5-4   불안장애 환자들에서 불안민감도와 섬엽의 연관성

출처: Kim, Kim, Choi, & Lee (2017).

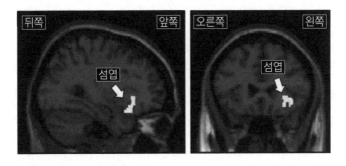

그림 5-5 건강한 성인들에서 섬엽의 부피와 행복감의 유의미한 양의 상관관계(흰색 영역: 섬엽)

출처: Jung et al. (2022).

5. 의도적인 수용하기와 허용하기의 구체적인 방법들

그렇다면 우리는 어떻게 하면 수용하기 또는 허용하기 태도를 기를 수 있을까요? 마음챙김 명상을 하기 전, 현재 문제가 되는 생각이나 상황에 대해 집중하면서, 이것에 대한 감정이나 신체감각이 어떻게 나타나는지 집중합니다. 느껴지는 감정이 신체의 어떤 부위의 어떠한 감각으로 나타나고 있는지 알아차립니다. 부드럽고 친절하게 신체 반응과 함께 머물고, 함께 호흡하고, 신체 반응을 허용합니다. 호흡하며 신체 반응을 느끼고 있는 부위에 호흡이 닿게 합니다. 신체감각이 뚜렷하지 않더라도 당신이 알아차릴 수 있는 신체감각에 주목합니다.

6. 그러나 수용하기와 허용하기는 어렵다

우리는 수용하기 또는 허용하기 태도를 기르기 위해 앞서 설명한 방법으로 의도적으로 주의를 기울이는 동안에도 여러 가지 어려움에 봉착하기도 합니다. 다음은 여러분들이 경험할 수도 있는 반응들입니다.

A: "옆집에서 개가 짖는 소리 때문에 정말 힘들었어요. 호흡을 하려고 애썼지만 결국은 집 밖으로 나왔어요. 그래도 아무 소용이 없었어요."

B: "어떤 일에 대해 '괜찮아.'라고 말하는 것이 정말로 어려웠다는 걸 알게 되었어요."

C: "문제해결을 제대로 하지 못해서 실패자라고 느꼈어요. 호흡하고 다른 모든 걸 했는데도 어떤 것도 제대로 하기가 어려워서 포기하고 싶었어요."

D: "호흡 연습을 하면서 혼란스러운 마음이 그렇게 오래 가지 않게 해 주는 것을 알게 되었어요. 그 뒤로는 조바심이 나지 않았어요."

하지만 '어딘가에 도달하는' 가장 좋은 방법은 노력해서 어딘가에 도달하는 것이 아니라 그 순간 있는 그대로인 상태에 마음을 열고 머무르는 것입니다.

7. 신체자극 감응 훈련

신체자극 감응 훈련은 섭엽을 강화하는 방법입니다. 오랜 시간 동안 공황장애의 인지행동치료에서 사용되어 온 방법입니다. 불안 증상과 관련된 신체감각을 일부러 유발해 보고, 신체감각 및 불안 수준이 호전되는 경험을 반복함으로써 신체감각의 자극에 대한 두려움, 회피, 재앙화 사고 등에서 벗어날 수 있게 해 줍니다. 특히 신체자극이 나타났을 때 마음챙김 명상을 시도하여 그 신체감각에 주의를 집중하고 어떻게 변화해 가는지 바라보는 것이 중요합니다. 신체자극을 유발하는 방법은 〈표 5-2〉와 같습니다.

표 5-2　신체자극 감응 훈련법

신체자극법	훈련법
머리 좌우 30초	30초간 머리를 좌우로 세게, 빨리 흔든다.
머리 다리 30초	30초간 양쪽 다리 사이로 머리를 숙인 상태로 있다가 재빨리 머리를 든다.
층계	층계나 발을 올려놓을 수 있는 단을 이용하여 1분간 발을 바꾼다. 심장박동이 빨라질 정도로 빠른 속도로 한다.
숨 멈추기 30초	30초간 숨을 멈춘다.
1분간 근육 완전긴장	1분간 모든 근육을 완전히 긴장한다. 통증이 느껴지지 않을 정도로. 팔, 다리, 배, 등, 어깨, 얼굴 등 모든 곳, 아니면 1분간 혹은 할 수 있는 만큼 팔 굽혀 펴기 운동을 계속한다.
1분간 회전의자	1분간 회전의자에 앉아서 돈다. 다른 사람이 옆에서 돌려주는 것이 좋다. 이것이 어려우면 즉시 앉을 수 있는 의자나 소파를 준비한 후 일어서서 빠르게 제자리 돌기를 한다.
1분간 과호흡	1분간 과호흡을 한다. 힘껏 깊고 빠르게.
1분간 빨대호흡	1분간 가느다란 빨대를 통해 호흡한다. 코로 숨 쉬지 않는다.

출처: Forsyth, Fusé, & Acheson (2009).

자극 감응 훈련은 '죽지 않는다는 생각조차 하지 않는다.'는 것을 그대로 믿고 해 보는 것이 중요합니다.

자극 감응 훈련을 하게 되면 인지 왜곡이 많이 일어나는 상황이 노출됩니다. 과대사고(overgeneralization: '이러다 나 죽는구나'), 재앙화(catastrophizing: '여기서 넘어지면 사람들을 다시 볼 수 없을 정도로 창피할 거야') 등의 생각이 많이 듭니다. 이 생각 또한 사실이 아니며 흘려보내고, '내가 이런 부분에서 좀 그럴 수 있지'라고 생각이 가게 놔두십시오. 그 이후 호흡에 집중하되 생각이 흘러가도록 두시면 됩니다. 이럴 때 호흡 자체는 중요한 것이 아니며 생각을 흘려보내는 것이 중요하니 이 점은 명심하시길 바랍니다.

너무 호흡에 집착하게 되면 호흡에만 의존하게 되고, 잘못된 생각을 흘려보내는 일에 대해서는 훈련이 되지 않으니 이런 점도 고려하며 연습해 보시고 혹시 잘 되지 않으면 전문가의 조언을 구한 뒤 해 보셔도 좋겠습니다.

1) 일상생활에서의 자극 감응 훈련

- 어떤 일상 활동이든, 신체 증상이 느껴지면 마음챙김 명상을 하십시오.
- 신체감각을 자각하면, 이러한 감각이 무슨 의미인지 하는 생각을 내려놓으면서 감각과 함께 마음챙김 명상을 하십시오.
- 신체감각과 함께 부정적인 사고(재앙화 사고, 과대사고)가 일어난다면 그것을 알아차리고, 다시 마음챙김 명상으로 돌아오시길 바랍니다.

8. 마음챙김 명상 2: 3분 호흡 명상

- 알아차리기
  - 알아차림의 초점을 내적 경험에 맞추고, 생각이나 감정, 신체감각에 어떤 일이 일어나는지 주목하기
- 주의를 되돌리기
  - 들숨과 날숨을 따라가면서 부드럽게 주의를 호흡에 되돌리기
- 주의 확장하기
  - 온몸으로 주의를 확장하며 자세와 표정을 자각하고 지금 있는 그대로, 우리 몸에서 일어나는 모든 감각을 알아차리기
  - 불편감, 긴장, 저항감이 느껴진다면 '숨을 들이마시면서' 이 감각들을 자각하고 부드럽게 개방시키면서 숨을 내쉬며 스스로 '좋아, 무엇이 있든 간에, 그것은 이미 여기에 있다. 그것을 그냥 느껴 보자.'고 말하기

5회기 요약 허용하기와 내버려 두기

- 이번 회기에서는 일상생활에서의 원치 않는 불쾌한 경험들에 대해서 그 일과 멀어지거나 거부하려는 걱정/회피의 자동적인 행동양식에서 벗어나, 현재에 머무르는 것이 중요하다는 것을 알아보았다. 이를 통해 기존의 부정적인 경험과 관계를 맺던 습관적인 방식에서 벗어나 수용하고 내버려 두는 것을 통해서 기존 방식을 어떻게 변경시킬 수 있는지를 다루어 보았다.

- 매 순간 일어나는 경험을 조금 더 잘 알아차리게 되면 우리는 주변 환경을 보다 명료하고 직접적으로 바라보며 새롭게 관계를 맺을 수 있게 된

다. 이를 통해 우리는 오히려 불쾌한 생각, 감정, 사건에 대해서 자동적으로 반응하려는 습관으로부터 자유롭게 되는 것이다. 이를 통해서 수동적이고 무기력하게 반응하는 체념과 달리, 능동적이고 적극적으로 의도를 가지고 수용할 수 있다.

• 수용하는 태도가 높은 사람은 상대적으로 뇌의 전두엽 부근(뒤쪽 전대상피질), 배가쪽 전전두피질과 편도 사이의 기능적 연결성이 증가하는 경향이 있었다. 또한, 마음챙김 명상 중 신체자극 감응 훈련 또는 호흡 훈련은 정서 처리나 신체의 감각 처리를 하거나 자신 혹은 타인의 감정을 인식하여 공감 능력 또는 대인관계 기능에 중요한 역할을 하는 섬엽의 기능을 변화시켜 긍정적인 효과를 줄 수 있다.

• **주요 마음챙김 명상**: 정좌명상, 3분 호흡 명상

📖 오늘의 과제

1. 주요 연습(매일 한 가지 이상)
• 정좌명상, 3분 호흡 명상
• 신체감각 살피기 명상

2. 짧은 연습
• 3분 호흡(하루 세 번, 스트레스받을 때마다)
• 5분간 듣기/보기, 잠시 멈춤, 발바닥의 감각에 주의를 기울이기

3. 일상에서의 연습
• 일상에서 하나의 활동(설거지할 때, 식사할 때, 칫솔질할 때, 샤워할 때, 옷을 입을 때, 운전할 때, 쓰레기를 버릴 때, 쇼핑할 때 등)을 골라서 먹기 명상(견과류 명상)을 했던 것과 같이 그 행동을 할 때마다 순간순간 알아차릴 수 있도록 의도적으로 노력합니다.

자신을
돌보기

오늘의 과제

부정적인 생각이나 감정 그리고 마음챙김 과정에서 변화하는 뇌의 여러 가지 신경망에 대해서 이해하고, 부정적인 감정으로부터 자신을 보호하는 다양한 방법을 살펴봅시다.

1. 일상에서 자신을 돌보는 이야기: 자신을 사랑하자

1) 사례 1: 변호사 A씨의 이야기

변호사로 일하는 A씨는 건강을 위해 수영을 시작했다가 완전히 매료되어 매일 퇴근 후에 수영을 해 왔다. 최근 수영 강사로부터 아마추어 대회를 준비해 보자는 권유를 받은 뒤, 평소처럼 수영장에 도착한 A씨는 문득 '나는 수영을 시작한 지 얼마 안 되었는데 대회에서 창피한 성적을 내면 어떻게 하지'라는 걱정이 생겼다. 오래 전 자전거 타기에 몰두하고 있었던 때에도 비슷한 경험이 있었다.

당시 A씨는 '일하느라 시간도 부족한데 자전거를 괜히 시작한 것은 아닐까'라는 생각이 계속 들어 결국 자전거를 처분하고 더 이상 자전거를 타지 않았다. 수영 대회에 나가서 좋은 결과를 내지 못할 것이라는 생각이 떠나지 않자 A씨는 점차 기분이 우울해졌다. 이 순간, A씨는 직장동료가 말해 준 '잠시 호흡하기'를 해 봐야겠다는 생각이 들었다. 잠시 호흡하자 A씨는 스스로의 마음에 떠도는 생각을 바라보게 되었고, '맞아. 생각은 사실이 아니지, 그저 지나가는 것이지'라고 알아차리고 그다음에는 호흡으로 집중을 돌릴 수 있게 되었다. 마침내 A씨는 몸 전체로 주의를 넓혀 나갔고, 자신의 생각과 감정에 영향을 미칠 수 있는 것들에 대해 깨

달을 수 있었다. A씨는 마음이 완전히 개운해진 것은 아니지만, 결국엔 수영 대회에 참가할 수 있었다.

이후 A씨에게는 일상생활에서 호흡 명상이 하루 중 가장 소중한 순간이 되었다. 수영 대회를 준비하다가 우연히 찾아온 경험이었지만, 짧은 호흡 훈련에 이어 바디스캔 명상, 정좌명상을 하면서 A씨는 매 순간을 다른 관점에서 바라보고 생활할 수 있게 되었다. A씨는 모든 대상에 하나하나 판단하지 않고, 있는 그대로 바라보고 주의를 기울이는 것을 연습했고, 일상에서 보고, 듣는 순간의 경험들을 새롭게 인식하며 놀라운 마음으로 하루를 보내게 되었다.

연습을 통해 A씨는 경험하는 감정들에 당황하지 않고 마음이 편안해졌고 점차 스스로의 감정도 부드럽게 다뤄 나갈 수 있게 되었다. 이러한 연습은 A씨로 하여금 어떠한 감각에도 머무르는 자신감을 주었으며 그 결과, 일상의 순간들을 잘 인식하고 자각하게 됨으로써 매 상황에 존재할 수 있게 되었다.

A씨의 경험은 우리에게 가르침을 준다. 즉, 어려운 생각, 감정, 감각을 오히려 불편해하지 않고 그대로 바라보게 되면 습관적으로 가지고 있던 생각의 방식을 알아차리게 되고 나아갈 길을 찾을 수 있다는 점이다. 또한 A씨는 우울하거나 불안한 증상이 오기 전에 재발 신호를 알아차리기 시작했다. 앞서 말했듯이, A씨는 이전에도 즐거운 활동을 포기했었으나, 이제는 불편한 감각을 받아들이며 때로는 행동을 취하는 것이 가장 중요한 것이라는 점을 알았고 결국 수영 대회를 성공적으로 치를 수 있었다.

출처: Segal, Williams & Teasdale (2012)을 재구성함.

2) 사례 2: 벽돌 두 장

철수는 부모님을 위한 집을 짓게 되었는데 예산이 충분치 않아서 인부도 없이 모든 공사를 직접 해야만 했다. 육체노동과는 거리가 먼 공학도 출신인 그는 멋진 집을 짓기 위해 최선을 다했다. 먼저, 벽돌을 쌓아 전체 벽을 만들기 시작했다. 시멘트 반죽을 한 덩어리 바른 뒤 그 위에 벽돌을 얹고 상하좌우를 두드리며 세심하게 수평을 맞추었다. 초보자이지만 명상 수행을 하듯이 오랜 시간 공들여 완벽한 형태의 벽을 쌓아 올리려고 최선을 다했다.

마침내 사방의 벽이 완성되었을 때 그는 뿌듯한 마음으로 자신의 작품을 둘러보았다. 그런데 벽 중간쯤에 삐뚤게 놓인 벽돌 두 장이 눈에 띄었다. 다른 벽돌들은 일직선으로 똑발랐으나 두 장은 각도가 틀어져 있었다. 두 장 때문에 공들인 벽 전체를 망친 것이다. 그는 자신에게 크게 실망하고 창피한 감정을 느꼈다. 시멘트가 단단히 굳어 벽을 허물 수도 없었다. 부모님이나 친척들이 공사 중인 집을 구경하러 올 때마다 그는 그 삐뚤어진 벽돌 두 장을 못 보게 하려고 안간힘을 썼다. 사람들이 그 벽 쪽으로 가지 못하게 막기까지 했다. 그는 누구라도 그 결점을 보는 걸 원치 않았다.

그런데 어느 날, 그 근처를 지나치던 건축가가 그만 그 벽을 보고 말았다. 건축가는 무심코 말했다. "매우 아름다운 벽이군요." 철수는 놀라서 물었다. "아름답다니요. 혹시 안경을 놓고 오셨나요? 시력에 문제가 있으신가요? 벽 전체를 망친 저 어긋난 벽돌 두 장이 보이지 않나요?" 그러자 건축가가 말했다. "내 눈에는 잘못 놓인 벽돌 두 장도 보이지만 매우 훌륭하게 쌓아 올린 998개의 벽돌도 보입니다."

> 건축가의 그 말은 철수가 그 벽을 바라보는 시각을, 나아가 삶 전체를 바라보는 시각을 근본적으로 바꿔 놓았다. 두 장의 잘못된 벽돌보다 완벽하게 쌓아 올린 훨씬 더 많은 벽돌이 있음을 보게 된 것이다. 그리고 잘 쌓아 올린 998개의 벽돌을 의식하게 되면서부터 더 이상 그 벽에서 두 장의 잘못된 벽돌을 보지 않게 되었다.
>
> 출처: Brahm (2005).

2. 자신을 돌보기

마음챙김 기반 인지치료(MBCT)는 우울증 삽화 사이에 있는 사람들을 위해 개발되었습니다. 여러분은 기분이 편안한 상태에 있을 때, 우울했을 때와 현재의 태도를 구분해 보며 자신을 보호하는 것이 어떤 것

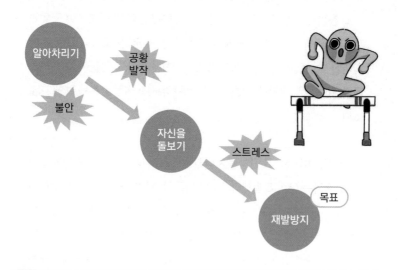

| 그림 6-1 | 부정적인 감정상태들을 미리 알아차리고 자신을 돌보며 재발을 방지하기 |

이라는 메시지를 이해했을 것입니다. 이처럼, 부정적인 감정들을 인지하고 느낄 때 뇌과학을 이용한 마음챙김 기반 인지치료(NMBCT)를 통해 반추와 걱정에 해당하는 생각들과 자신의 강력한 부정적인 감정상태들(불안감, 우울감 등)을 구분하고 '이러한 생각들이 사실은 아니다'는 것을 재확인하며 자기 자신을 보호하는 것이 필요합니다.

1) 일상생활에서 자신을 돌보기

> "직장에 가야 하는 것처럼 삶에는 선택할 수 없는 것들이 너무 많다."
> "대부분의 사람은 자신만을 위한 시간을 내는 것에 익숙하지 않다."
> "다른 사람들이나 일에 대한 의무를 다했을 때만 나 자신을 위해서 뭔가 좋은 일을 할 수 있어."
> "엄마 노릇, 직장 여성, 아내 역할 그리고 주부 역할을 균형 있게 하려고 애쓰고 있는데, 도대체 어디에서 나 자신을 위한 시간을 찾을 수 있단 말인가?"
> "부모님이 나이가 많아서 돌봐 드려야 돼. 이런 상황에서 나 자신부터 생각하는 것은 잘못된 거야."

이런 말들은 우리 모두 이런저런 일에 내몰리고 있음을 잘 묘사해 주고 있습니다. 일이 너무 눈코 뜰 사이 없이 바빠서 자신을 돌볼 여지가 없다고 해도 '잠시 여유를 찾는 것'이 가능하지 않을까요? 때로는 반복되는 일상에서 잠시 다르게 생각해 보며 자신을 돌보는 첫걸음을 시작할 수 있습니다. 어떤 행동을 취하는 것은 당신 주변에 일어나고 있는 것을 단순히 알아차리는 것에서 시작할 수 있습니다.

2) 일상생활에서 나를 돌보는 방법들: 재발을 막기

학교, 회사, 집안일, 인간관계 등으로부터 자기 자신을 돌보고 휴식하는 시간을 갖는 것은 불안장애 또는 우울장애를 극복하는 데 반드시 필요합니다. 현대인들은 꽤 빈번하게 자기 자신을 위한 시간을 갖지 못하며 살아갑니다. 세계적으로 존경받는 리더십 권위자인 스티븐 코비(Stephen R. Covey, 1932~2012) 박사는 자신의 저서 『소중한 것을 먼저 하라(First Things First)』(1994)에서 '시간관리 매트릭스(Time management matrix)'를 통해 해야 하는 일을 중요한 일과 중요하지 않은 일, 긴급한 일과 긴급하지 않은 일을 기준 삼아 4사분면으로 구분하기도 하였습니다. 일상생활에서 나 자신을 돌보는 것은 중요한 일임에도 불구하고 '급한 일은 아니라는 생각'을 하며 나를 돌보는 일을 우선순위에서 미루고 지내오지는 않았나요?

앞서 언급한 나를 돌보는 방법은 사람마다 다를 수 있겠지만, 평소 나 자신을 돌보고 휴식하는 방법을 고민한 사람과 아닌 사람은 그 휴식시간을 만들고 활용하는 데 차이가 날 수밖에 없습니다. 이번 기회를 통하여 나를 돌보는 방법을 점검해 보고, 이를 휴대전화나 지갑 속에 메모해 두었다가 나를 돌봐야 할 경우가 생겼을 때 나에게 가장 잘 맞는 방법을 떠올리며 활용해 보십시오([유인물 6-1] 참조).

- 꾸준한 처방약 복용
- 음주 줄이기
- 잠 잘 자기
- 스트레스 상황 알아차리기, 스트레스 줄이기
- 카페인 섭취 줄이기

- 충분한 휴식과 숙면
- 건강 관리하기

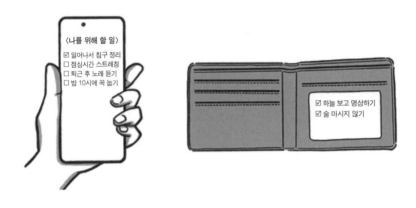

그림 6-2   나 자신을 돌보는 목록 작성하기

유인물 6-1

나에게 알맞은 '나를 돌보는 방법들'에 대해 생각해 보고 다음 빈칸에 적어 봅시다.

3. 마음챙김 명상 1: 자기 연민 명상

자기 연민(self-compassion)은 자신을 돌보는 데에 중요한 요소 중 하나로서 우리가 고통받는 상황에서도 스스로를 있는 그대로 보게 되어 긍정적인 태도를 유지하는 것입니다. 자기 연민은 ① 자기 친절(self-kindness), 즉 고통스러운 상황에서 자신을 비난하거나 깎아내리지 않고 친절하게 대하는 것, ② 공통 인류애(common humanity), 모든 사람이 완벽하지 않고 공통의 문제와 실패를 겪는다는 것을 인식하는 것, ③ 마음챙김으로 구성되어 있습니다. 고전적인 호흡 명상 같은 마음챙김 외에도 자신을 사랑하고 다른 사람에 대한 이해를 높이는 면이 있어서 자존감이 상승하고, 불안감이나 우울감을 감소시키는 데에 도움이 됩니다. 건강한 성인들을 대상으로 한 선행연구에서는 자기 연민의 정도가 클수록 뇌 백질에서 위세로다발 영역의 연결성 정도가 유의하게 낮았습니다([그림 6-3] 참조). 이 결과는 자기를 돌보기 위한 방법들 중 자기 연민을 태도를 잘 실천할수록 뇌의 마음 방황이나 반추와 관련된 영역과 관련성이 있는 내정상태 신경망(default mode network)과 관련이 있는 뇌 백색질(신경다발)의 연결성이 감소하는 신경가소성(neuroplasticity) 변화가 있을 수 있음을 시사합니다. 따라서 이 변화를 이끌기 위해 다음의 자기 연민에 관련된 마음챙김 명상을 통해서 자기 연민을 연습해 봅시다.

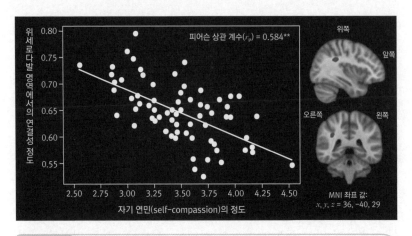

그림 6-3 건강한 성인들에서의 높은 자기 연민의 정도와 낮은 위세로다발 영역의 연결 정도의 유의미한 상관성

출처: Hwang et al. (2023).

- 자신이 염려하는 사람을 미리 생각합니다.
- 호흡을 의식하며, 편안한 느낌을 가집니다. 나는 나를 위해 살고, 스스로를 위해 존재한다는 단순한 느낌을 가져 봅니다.
- 당신을 염려하는 누군가와 함께하는 느낌을 마음에 가져 봅니다. 그 보살핌 이 실제적으로 느껴지도록 해 보세요. 그러고는 보살핌을 받는 느낌에 어렵지만, 마음을 충분히 여세요. 당신을 염려하는 다른 이들을 마음에 떠올려 봅니다. 보살핌 받는 느낌을 자신 안으로 받아들입니다. 케어받는, 나를 돌봐 주는 느낌을 받아들이세요.
- 당신이 염려하는 누군가를 떠올려 봅니다. 의식해 보세요. 그들이 짊어진 부담, 상실, 혹은 부당함, 그들의 스트레스와 아픔, 고통 그러고는 그들에 대한 연민을 느껴 봅니다. 어쩌면 다음과 같은 부드러운 생각들일 수 있습니다. '당신이 고통받지 않기를, 직장을 구하기를, 치료가 잘 되기를.' 가슴에 손을 올려놓아도 좋습니다. 다른 느낌들이 함께해도 좋습니다. 가령, 친절

함이나 사랑 혹은 다른 사람들을 마음에 떠올리고 그들에게 연민을 느껴 보세요. 연민이 자신 안으로 가라앉을 때 당신은 연민 안으로 가라앉습니다.

- 연민의 경험이 어떤 것인지 알고, 그것을 자신에게 적용합니다. 자신이 겪는 부담, 상실, 부당함, 스트레스와 아픔과 고통, 그러고는 자신을 향한 연민을 느껴 봅니다. 자신을 위한 선한 바람과 따뜻함과 지지의 느낌들에 집중합니다. 동시에 고통의 느낌이 존재하지만, 의식의 가장자리로 밀려납니다. 어쩌면 다음과 같은 부드러운 생각들도 떠오릅니다. '내가 고통받지 않기를' 또는 좀 더 구체적으로 '너무 많은 걱정을 하지 않기를, 내 짝을 찾기를, 이 상실을 극복하고 안식에 이르기를.' 가슴이나 볼에 손을 올려놓아 볼 수도 있습니다. 내면에서 멍들고, 아리고, 아프고 갈망하는 자리를 어루만지는 연민의 느낌을 가질 수도 있습니다. 연민이 당신 안으로 가라앉습니다. 안으로 연민을 받아들입니다.

- 원한다면, 어릴 적 당신을 상상해 볼 수도 있습니다. 특히 힘들었던 시절의 당신일 수도 있습니다. 어릴 적 당신에게 닥쳤던 고난들을 의식해 보세요. 그것들이 어떻게 들이닥쳤는지, 그리고 어떤 느낌이었는지, 그러고는 그 어린 것을 위한 연민을 가져 봅니다. 자신이 '저 앞에' 서 있는 듯 시각화할 수도 있습니다. 선한 바람과 이해, 따뜻함 그리고 지지를 보냅니다. 그때 들었더라면 너무나 좋았을 구체적인 말들을 생각해 볼 수도 있습니다. 가령 '이 것 또한 지나가리라, 네 잘못이 아니야, 너는 아무 문제도 없을 거야.' 내면의 어릴 적 자신에게 이 연민이 받아들여지는 걸 느낄 수도 있습니다. 오래된 아픔이 편안해집니다.

- 이제 초점을 맞추었던 고통을 전부 흘려보내고 따뜻함과 사랑의 느낌 안에 단순히 쉽니다. 호흡을 의식하세요. 마음속에 자리 잡게끔 허용합니다. 편안히 느낍니다.

출처: Hanson (2020), p. 132에서 발췌 후 수정.

4. 3분 호흡 명상이 왜 중요한가

우리가 추구하고자 하는 마인드풀(mindful)의 반대 개념으로 마인드 리스(mindless)가 있습니다. 이는 우리말로 번역하자면 '무심결'에 해당 합니다. 평소에 자주 하는 표현인 '무심결에 한 행동이었다'의 무심결입 니다. 주로 내정상태 신경망이 작동하고 있을 때에 무심결의 상태가 된 다고 할 수 있고, 불안이나 우울에 취약한 경우에는 부정적인 생각들이 무심결에 계속 이어지고 증폭될 수 있습니다. 이때 떠다니는 생각들을 알아차림으로써 돌출정보 신경망(salience network)이 활성화되고, 이후 중앙 집행 신경망을 작동시킴으로써 새로운 생각, 대안적인 해석 등을 통해 자동적인 반응에서 벗어날 수 있게 됩니다.

3분 호흡 명상은 무심결에 떠다니는 생각과 감정을 바라보고 알아차 리는 것으로 시작합니다. 이후 호흡에 집중함으로써 호흡을 닻으로 삼 고, 자각의 영역을 넓혀 나가 보면서 평소 자동적으로 작동하던 생각의 패턴으로부터 자유로워지고, 생각, 감정, 주변 상황과 새롭게 관계를 맺 을 수 있도록 해 줍니다.

5. 오늘의 뇌과학: 마음챙김의 신경망

우리의 뇌(brain)는 복잡하게 얽힌 부위 속에서 신경망(network)으로 닿아 있고 어느 부위가 활성화(activate, [그림 6-4]에서 짙은 색으로 표시 된 곳)되느냐에 따라, 각 상황에서 필요한 신경망을 활성화합니다. 마 음챙김(mindfulness)에서 살펴볼 신경망은 크게 세 가지인데, 돌출정보 신경망(Salience Network: SN), 내정상태 신경망(Default Mode Network: DMN), 중앙 집행 신경망(Central Executive Network: CEN)입니다.

한국의 TV 예능프로그램을 통해서 '멍 때리기 대회'가 유명해진 적이 있었습니다. '멍 때리기'를 하고 있을 때처럼 뇌가 '진정한 휴식'을 하고 있을 때는 내정상태 신경망이 활성화되어 뇌가 편안히 휴식할 수 있습니다.

그러나 회사 일, 집안일 등 주의력, 집행 능력이 필요한 일을 하고 있을 때 뇌는 '중앙 집행 신경망'이 활성화되어 계속 뇌가 활동하고 피곤함을 느끼고, 뇌도 실제로 피로해집니다. 휴대폰 보급 이후 현대인들은

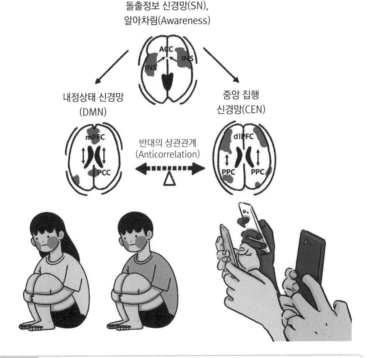

| 그림 6-4 | 돌출정보 신경망, 내정상태 신경망, 중앙 집행 신경망의 관계

주: 전대상피질(Anterior Cingulate Cortex: ACC), 섬엽(insula: INS), 내측 전전두피질(medical Prefrontal Cortex: mPFC), 후대상피질(Posterior Cingulate Cortex: PCC), 뒤가쪽 전전두피질(dorsolateral Prefrontal Cortex: dlPFC), 후두정엽(Posterior Parietal Cortex: PPC)
출처: Tereza et al. (2014).

대중교통을 타고 이동하거나 집에서 잠들기 전에 휴대폰을 하며 휴식
하고는 하는데, 이 활동이 쉬고 있는 활동이라고 생각할 수 있으나, 실
제 우리 뇌는 쉬고 있지 않고 계속 활동하고 있는 것입니다.

그림의 가운데 있는 돌출정보 신경망은 내정상태 신경망과 중앙 집
행 신경망 사이를 전환시켜 주는 스위치로써 자동차에서 '기어' 같은
역할을 합니다. 돌출정보 신경망은 일상생활 중에 돌출된 자극(salient
stimuli)에 반응하여 우리 뇌를 어떤 방향으로 운전할지를 결정할 수 있
는 신경망이라고 할 수 있습니다.

마음챙김에서 '알아차림(awareness)'을 연습함으로써 바로 이 돌출정
보 신경망을 훈련하고 강화할 수 있게 됩니다. 그 결과, 우울, 불안, 공
황 증상이 슬슬 나타나기 시작하는 것을 알아차릴 때, 알아차림은 그 상
황에서 벗어나기 위한 출발점이 됩니다. 즉, 마음챙김의 알아차림 연습
은 우리의 뇌를 원하는 방향으로 단련하는 출발점이라 할 수 있습니다.

6. 호흡을 닻으로 활용하기

- 호흡은 언제 어디서나 우리와 함께하는 신체활동입니다.
- 호흡을 느낀 후 몸 전체의 감각에 집중한 후, 내가 있는 주위 공간
  으로 차츰 확대하며 느껴 봅니다.

호흡 명상은 신체감각을 알아차리는 연습이자, 불안에 빠지는 것으
로부터 '지금, 여기(here and now)'로 주의를 돌리는 연습입니다. 호흡은
우리가 언제, 어디서든 함께하는 것이기에 호흡 명상을 잘 연습하여 닻
으로 활용한다면, 어떤 순간에서든 마음챙김을 시작해 볼 수 있습니다.

그림 6-5   닻

7. 감정 알아차리기, 이름 붙이기, 수용하기

앞서 5회기에서 내버려 두기(let it be)를 언급했었습니다. 그 개념에
더해서 이번 회기에서 다음의 내용을 더 심도 있게 읽어 보십시오.

"비를 피하지 말고 비와 함께 춤을 춰라."

-〈사랑은 비를 타고(Singin' in the Rain)〉(1952)[1]

- 알아차리기(awareness)
- 메타인지(metacognition)
- 수용하기(accepting)
- 영화 〈인사이드 아웃(Inside Out)〉(감정에 이름 붙이기)[2]

---

1) 〈사랑은 비를 타고〉는 1952년에 미국에서 개봉된 뮤지컬 로맨스 영화입니다. 미국의 메
트로 골드윈 메이어사에서 제작하였고 로이스 시네플렉스 엔터테인먼트가 배급하였습
니다.
2) 〈인사이드 아웃〉은 2015년에 개봉된 미국의 3D 컴퓨터 애니메이션 코미디 영화입니다.

'불안'이라는 실체가 없는 느낌을 어떻게 다뤄야 하는지 막연하게 느껴질 수 있습니다. 따라서 우리는 앞에서 '알아차리는 것'의 중요성을 살펴보았습니다. 불안, 그 외 감정들을 미리 알아차리기 위해서는 나만의 방식으로 이름을 붙여 보는 것이 나의 감정을 바라보는 데 도움이 됩니다. 예컨대, 나의 불안을 '불덩이'라고 부르기로 합시다. "오늘은 마트에 갔다가 불덩이가 올라오는 것 같았어."와 같이 이름을 붙인 나의 감정을 통해 막연한 느낌을 구체화해 봅시다. 감정에 이름을 붙이면 내가 내 생각을 바라보고, 내 감정을 바라보는 메타인지를 도와 상황을 판단하지 않고 바라보는 데 도움이 됩니다.

또한 이렇게 구체화된 느낌이 느껴지는 경우, 이를 인지하고 수용해 보려는 자세로서 접근해 보는 것도 도움이 됩니다. 고전 영화 중 하나인 〈사랑은 비를 타고〉(1952)에는 비를 맞으며 춤을 추는 장면이 나오는데, 이 장면을 통해 비를 피하지 말고 비와 함께 춤을 춰 보는 것처럼 어떠한 감정이라도 받아들여 보는 것입니다. 임진왜란 당시 이순신 장군은 "죽기를 각오하면 살 것이고, 살고자 하면 죽을 것이다[사즉생 생즉사(死卽生 生卽死)]."라는 말을 한 것으로 유명합니다. 물론 당시 전쟁에서 죽음까지 감수하며 필사적으로 노력하자는 의미일 수 있겠지만, 불편한 감정에서 애써 벗어나려 노력하기보다는 그 불편한 감정을 인정하고 수용하면, 오히려 그 감정은 내게 머물지 않고 흘러가 버린다는 의미를 찾을 수 있습니다.

'불안과 걱정'은 우리 삶의 한 단면이자 일부입니다. 그러나 불안은 우리가 태어날 때부터 가져온 것이 아니며, 우리 삶에서 영원히 지속되는 것도 아닙니다. 한 사람의 인생의 안목에서 바라보면 지금의 삶에서

픽사 애니메이션 스튜디오에서 제작하였고 월트 디즈니 픽처스가 배급하였습니다.

지나갈 어려움일 수 있습니다. 불안과 걱정에 몰두하여 있을수록 오히려 불안과 걱정이 커지는 것을 경험할 수도 있습니다. 긴 인생의 안목에서, 우리 인생 전체를 바라본다면 지금 이 순간은 어떻게 기억이 될까요? 혹은 다른 중요한 일들에 밀려 기억조차 나지 않을 수도 있겠습니다. 내 삶 전체를 바라보며 비문을 적어 보고([유인물 6-2] 참조) 장례식 명상을 통해 지금의 순간을 평소와 다르게 느껴 봅시다.

비문 쓰기

그림 6-6   비문(碑文)

• 당신은 어떤 비문(내 삶의 제목:)이 알려지기를 바라나요?

• 어떤 비문이 현재 당신의 삶과 가장 잘 맞아떨어지나요?

• 당신이 다른 사람들로부터 듣고 싶었던 말은 무엇인가요?

8. 마음챙김 명상 2: 빈소 명상

| 그림 6-7 | 장례식 |

- 가치 있는 삶(value-oriented life)을 향한 빈소 명상을 해 봅시다.
- 몸을 편안하게 하십시오. 빈소에 들어가서 자신의 장례식을 지켜
  보고 있다고 상상해 보십시오. 관 속에 누워 있는 자신의 모습을
  생생하게 마음에 그려 보십시오. 신선한 꽃향기를 맡아 보십시오.
  배경의 부드러운 음악을 들어 보십시오. 방 안을 둘러보십시오.
  누가 보입니까?
- 아마도 당신은 사랑하는 사람들, 가족, 친구, 친척, 동료 그리고 언
  젠가 한 번쯤은 만나 보았던 사람들을 볼 수 있을 것입니다. 그들
  의 대화에 귀를 기울이고, 당신에 대해 무슨 이야기를 하는지 잘
  들어 보십시오. 당신의 배우자는…… 아이들은…… 절친한 친구
  들은…… 동료들은…… 이웃들은 무슨 이야기를 하고 있습니까?
- 스스로에 대해서, 진심으로, 가장 듣기를 원하는 바로 그것을 그
  들이 이야기하고 있는 것처럼 한 사람 한 사람의 말을 주의 깊게
  들어 보십시오. 그것이 바로 당신에 대해서 사람들이 기억해 주기

를 바라는 바입니다. 당신의 지혜는 당신이 그들로부터 무슨 말을 듣고 싶은지를 정확하게 짚어 내고 선택하게 해 줄 것입니다.

• 이제 잠시 멈추어서 이러한 상황을 상상해 보십시오. 등을 기대고 앉아, 눈을 감아 보십시오. 이러한 심상에 몇 분간 머물러 보십시오. 그리고 나서 읽고 있었던 내용으로 다시 돌아오십시오.

• 당신이 들었던 말들을 기억하십시오. 마음 깊은 곳에서, 당신은 스스로의 삶에 대해서 어떠한 이야기를 듣길 원했습니까? 잠시 시간을 갖고, 당신이 들었던 것 그리고 듣기를 원했던 것에 대해서 적어 보십시오.

• 다른 사람들이 나에 대해 말했던 것은……

• 내가 사람들로부터 듣고 싶었던 것은……

• 조금 전, 당신이 듣고 적어 놓은 것에는 결정적으로 중요한 무언가가 있습니다. 각각의 말에는 자신의 삶에서 진심으로 바라는 것 (cathexis), 즉 당신의 가치(value)가 반영되어 있습니다. 그리고 자신에 대해 다른 사람들로부터 들었던 것은 그들이 당신의 행동을 관찰한 바에 근거한 것입니다.

• 당신이 들었던 말 중의 일부는 당신을 실망하게 했을 수도 있습니다. 아마도 누군가는 "그는 항상 그렇게 불안해하고 초조해 보였어…… 나는 그가 자신의 삶에 좀 더 충실할 수 있기를 바랐어." 혹은 "그녀는 힘들게 살았어…… 공포와 염려에서 벗어나지 못하고."라고 말했을지도 모릅니다.

• 이러한 연습과 관련해 좋은 소식은 당신의 삶이 아직 끝나지 않았다는 사실입니다. 아직, 당신 스스로 원하는 종류의 사람이 될 수 있도록 노력할 시간이 남아 있습니다. 당신은 후세에 기억되기를 원하는 방식으로 삶을 살아갈 수 있습니다.

6회기 요약 자신을 돌보기

- 일상에서 자신을 돌보는 것은 중요하다. 그 동안 우리는 불안을 인식하고 뇌과학을 토대로 마음챙김을 연습했다. 어떻게 나 자신을 돌보는지에 대해 점검해 봄으로써 그 동안의 배움을 더 잘 활용해 재발방지로 나갈 수 있을 것이다.

- 자신을 돌보는 것은 작은 실천에서 시작된다. 시간을 내기 어렵다는 생각이 들었을 수도 있고 다른 사람을 챙기거나, 다른 사람의 시선을 먼저 신경 쓰느라 스스로를 덜 챙기며 지내왔을 수 있다. '변호사 A씨의 이야기' '벽돌 두 장의 이야기'를 통해 일상을 다른 관점으로 바라보고 자신을 돌보기 위한 고민을 가볍게 시작해 보기를 바란다.

- 불안 및 우울은 내 삶 전체에서 바라보면, 또한 우주의 관점에서 바라보면 아주 작게 금방 지나가는 일일 수 있다. 시공간 개념을 확장하여 오늘의 불안 및 우울을 바라보면 이들은 내 삶의 아주 짧은 시간에 지나가는 것으로 바라볼 수도 있을 것이다.

- 다음 시간에는 정좌명상, 호흡 명상을 다시금 연습하며 부정적인 감정에 뒤따르는 생각에 대해 배우고 다루는 법을 연습할 것이다.

- **주요 마음챙김 명상**: 자기 연민 명상, 빈소 명상

오늘의 과제

1. 주요 연습(매일 한 가지 이상)
- 자기 연민 명상, 신체감각 살피기 명상, 호흡 명상

2. 짧은 연습
- 3분 호흡(하루 세 번, 스트레스받을 때마다)
- 5분간 듣기/보기, 잠시 멈춤, 발바닥의 감각에 주의를 기울이기

3. 일상에서의 연습
- 일상에서 하나의 활동(식사할 때, 칫솔질할 때, 샤워할 때, 옷을 입을 때, 운전할 때, 쓰레기를 버릴 때, 쇼핑할 때 등)을 골라서 먹기 명상(견과류 명상)을 했던 것과 같이 그 행동을 할 때마다 순간순간 알아차릴 수 있도록 의도적으로 노력합니다.

학습 목표: 뇌과학적인 관점에서 감정이 생각에 미치는 영향을 이해하고, 생각에 주의를 기울이는 여러 가지 방법을 익혀 봅시다.

1. 마음챙김 명상 1: 정좌명상

- 호흡 명상을 연습해 봅니다.
- 호흡을 제대로 자각한다고 느꼈을 때, 의도적으로 호흡뿐 아니라 몸 전체의 신체적 감각으로 알아차림을 확장해 보겠습니다. 호흡할 때 아랫배의 움직임을 자각하면서 관심의 초점을 옮겨 몸 전체의 감각과 신체를 통해 감각이 변화하는 양상을 알아차려 봅니다. 몸 전체가 호흡을 하는 것처럼 신체를 통해 호흡의 움직임을 느껴 봅니다.
- 몸 전체의 감각을 알아차리는 것으로 넓혀 가며 숨이 들어왔다 나갔다 하는 것을 알아차림과 동시에 신체 각 부분에 주의를 집중해 봅니다. 특히 몸이 마룻바닥이나 의자, 방석에 닿는 부분에서 느껴지는 촉감이나 무게에 주의를 집중해 봅니다. 또한 다리나 무릎이 바닥과 닿는 느낌, 엉덩이를 지탱하거나 허벅지에 놓인 손, 그 밖의 다른 신체감각에 주의를 집중해 봅니다. 가능한 한 최선을 다해 호흡을 알아차리고 신체감각에 대한 자각을 넓혀 가면서 알아차림을 몸 전체로 느껴 봅니다.
- 마음은 계속해서 호흡과 신체감각을 떠나 방황할 것입니다. 이것은 자연스럽고 당연한 일이며 결코 실패나 실수가 아닙니다. 신체감각으로부터 자각이 떠돌아다니는 것을 알게 될 때마다, 여러분은 스스로를 격려할 수 있습니다. 여러분은 '깨어 있고 알아차렸던 것'입니다. 여러분의 마음이 어디에 있는지 알아보고 호흡과 몸 전체의 감각에 부드럽게 주의를 돌려 봅니다.

- 가능한 한 매 순간 신체를 통해 느껴지는 감각을 있는 그대로 느끼면서 주의를 기울여 봅니다.
- 앉아 있을 때 허리나 무릎, 어깨의 통증과 같은 감각이 있을 때 이는 특별히 강렬하게 느껴질 수 있습니다. 그리고 여러분은 반복해서 이런 감각에 주의를 빼앗겨 호흡으로부터 멀어질 수 있습니다. 이런 순간이 오면 강렬한 감각을 느끼는 부위에 의도적으로 주의를 기울여 봅니다. 가능한 한 최선을 다해 그곳에서 느껴지는 감각을 세밀하고 부드럽고 현명하게 탐색해 보는 기회로 이용할 수 있습니다. 그 감각은 정확하게 어떤 느낌인가요? 정확하게 어디에서 느껴지는지요? 시간에 따라 달라지거나 부위가 옮겨지나요?
- 감정의 경우와 마찬가지로 너무 많이 생각하지 말고 호흡을 이용하여 신체감각 명상처럼 강렬한 감각을 느끼는 부위를 알아차려 봅니다.
- 신체감각의 세기를 알아차리다가 주의가 떠돌아다니는 것을 발견할 경우 호흡과 모든 신체감각에 다시 초점을 돌리고 지금 그리고 여기로 되돌아오면 됩니다. 일단 주의 집중을 하게 되면 다시 한번 이를 확장시켜 몸 전체의 감각을 알아차리도록 합니다.

2. 오늘의 뇌과학: 왜 우리는 판단하지 말아야 하는가

표 7-1   좌뇌와 우뇌의 기능

좌뇌	우뇌
• 패턴 인지(pattern recognition)	• 숲을 보는 능력(big picture idea)
• 언어(language)	• 창조성 표현(expressing creativity)
• 코딩(map making)	• 감정 표현(emotional experience)
• 분류(classification)	• 공간 지각 능력(spatial processing)
• 범주화(categorization)	• 연결성(more connection)

출처: Goleman (2011).

좌뇌는 실제로 그렇게 느끼지 않더라도 언어를 통하여 핑계를 만들어 판단하고 코딩하고 분류하는 경향이 있습니다. 실제로 좌뇌와 우뇌를 연결하는 뇌량(corpus callosum)이라는 부위를 절단해 보니, 우뇌에서는 숲을 보고 현실을 있는 그대로 반영하는 기능이 있는 반면, 좌뇌에서는 패턴을 인지하거나 분류를 하고 판단을 하고 언어로 표현을 하는 등 우뇌와 정반대가 되는 현상을 발견하였습니다. 좌뇌의 기능은 판단을 통해 의미를 부여하고 이를 언어로 표현하는 경우가 많은데, 이에 따라 무슨 현상이 있더라도 적절하게 지어내는 경우가 많아집니다.

자신에 대한 판단도 마찬가지입니다. 머리 깊은 곳에 있는 중요했던 이전 사람과의 기억이 좋지 않으면 자신에 대한 비난이 주로 생기는데, 이렇게 해서 자존감이 저하되는 경우가 많습니다. 자신에 대한 비난은 주로 좌뇌에서 전체적인 판단 없이 부정적인 감정을 만들어 내고, 이에 따라 이것이 언어로 표현되면서 만들어지는 경우가 많습니다. '이 사람은 그런 사람이야' '나도 이런 사람이야'라고 규정짓는 것 자체가 자존감과 대인관계를 해치게 되는 경우가 많아 우리에게 문제가 생기는 것입니다.

나에 대한 판단은 내가 하지 말자, 좌뇌에게 속지 말자. NO SELFING!

3. 감정이 생각에 미치는 영향

✧ 남편과 아내가 부엌에 있는 상황

남편이 오랜만에 아내를 위해 저녁 식사를 준비하고 있었다.
남편은 아내에게 "저녁 식사로 된장찌개를 먹을래요,
미역국을 먹을래요?"라고 물었다.
이에 아내는 "아무거나 상관없어요."라고 답하였다.

한참이 지나 이 부부가 결혼생활에 문제가 있어 상담을 받으러 갔을 때
이들은 다음과 같이 위의 상황을 회상하였다.

남편은 "아내에게 저녁 식사로 된장찌개를 먹을지, 미역국을 먹을지 물었는데도
아내는 관심이 없다고 말했어요."라고 회상했고,
아내는 "남편은 나에게 저녁 식사로 무엇을 원하는지 물었고,
나는 아무거나 상관없다고 대답했어요.",
"나는 그저 남편을 도와주려고 했을 뿐이에요."라고 말하였다.

이전까지 생각이 감정에 미치는 영향을 중점적으로 살펴보았다면,
지금부터는 상황에 대한 생각과 감정의 연관성을 살펴보고([그림 7-1]
참조), 감정이 생각에 미치는 영향을 살펴보겠습니다([그림 7-2] 참조). 앞
으로는 생각을 일으키는 느낌에 집중해 봅시다. 특히 이 순간에, 지금
내가 느끼는 이 감정은 무엇인가요?

그림 7-1　같은 상황에서 감정이 생각에 미치는 영향

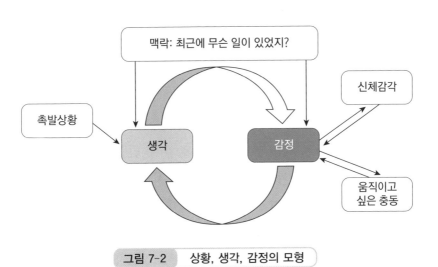

그림 7-2　상황, 생각, 감정의 모형

출처: Segal, Williams, & Teasdale (2012).

☆ 두 가지의 시나리오

이사벨 하그리브스(Isabel Hargreaves)가 고안한 다음의 두 시나리오를 읽어 봅시다.

> **시나리오 1**
>
> "당신은 직장에서 동료와 다퉈서 기분이 좋지 않습니다.
> 잠시 후에 당신은 사무실에서 또 다른 직장 동료를 만났는데,
> 그 동료는 '지금 바빠서 시간을 낼 수 없다.'고 얘기하면서
> 쏜살같이 지나가 버립니다. 이때 어떤 생각이 드십니까?"

> **시나리오 2**
>
> "당신과 직장 동료가 일을 잘해서 방금 칭찬받아 기분이 좋습니다.
> 잠시 후에 당신은 사무실에서 다른 직장 동료를 만났는데,
> 그 동료는 '지금 바빠서 시간을 낼 수 없다.'고 얘기하면서
> 쏜살같이 지나가 버립니다. 이때 어떤 생각이 드십니까?"

이 두 시나리오를 통해서 우리는 특정한 상황에서 우리가 어떻게 생각하는지 결정할 수 있는 몇 가지 방법을 알 수 있습니다. 즉, 동일한 상황에 대해서도 우리의 감정상태에 따라서 서로 다른 해석을 하게 될 수 있음을 알 수 있습니다. 따라서 상황에 대한 여러 가지 해석이 그때의 감정상태에 의해 결정된다면, 부정적인 감정상태에서는 중립적인 사건에 대해서도 부정적인 생각에 사로잡히고 기분은 더 악화될지도 모릅니다.

따라서 우리는 전적으로 '생각'과 '사실'의 차이점을 구분해서 인식할

필요가 있습니다. 즉, 자신의 생각이 강력하다고 해서 그것이 사실이 되는 것은 아닙니다.

중요하지 않은 사소한 일도 부정적인 기분과 맞물리면 스스로 손쓸 수 없을 것처럼 압도적으로 보이며, 그 결과 절대적인 진실로 여겨집니다. 우리는 일상생활을 하면서 부정적인 사건들에 맞닥뜨릴 때 '이것은 할 수 없어, 포기하는 게 나을지도 몰라' '그 사람이 그 말을 했을 때는 그 이상의 뭔가 다른 의미가 있는 것 같아' '해야 할 일이 많아서 결코 그 일을 마칠 수 없을 것 같아' '오늘은 컨디션이 너무 저조해서 하는 일마다 다 잘 안 되는 것 같아'와 같은 생각들을 하기도 합니다. 하지만 자신의 생각은 단지 하나의 생각일 뿐입니다. 즉, 우리가 생각하는 모든 것을 믿고 그것을 진리로 여기는 것을 경계할 필요가 있습니다.

우리는 지구에서 한 번 살고 돌아가는 존재로 우리 머릿속에서 떠오르는 잡념도 다 지나가는 것입니다. 특히, 부정적인 감정은 계속 생각하다 보면 꼬리에 꼬리를 무는 감정으로 발전하게 되는데, 극단적으로 생각이 번지는 경우가 많습니다. 이때 이 생각을 알아차리고 다시 호흡이나 다른 집중할 수 있는 곳에 집중하는 것이 판단하는 뇌(고양이 뇌)로부터 벗어나는 길입니다.

4. 생각에 주의를 기울이는 방법

1) 마음챙김 명상(호흡 명상)하기

여러 가지 생각이 압도적으로 밀려올 때, 얼마나 짧은지는 상관없이 짧게라도 호흡을 하는 것이 첫 번째 단계입니다. 문을 열면 그땐 자신이 어디로 가야 할지 선택해야만 하는 여러 길이 드러나는 것처럼 호흡을 하는 것은 문을 여는 첫 단계와 비슷합니다. 따라서 호흡을 하면서 어떻게 대응을 할지 다양한 선택을 할 수 있는 분별력을 가질 수 있게 됩니다.

2) 떨어져서 관찰하기

생각이나 감정은 흘러가는 시냇물, 구름과 같은 것일지도 모릅니다. 생각과 감정의 폭포수 안에서 힘겹게 서 있는 것보다는 폭포수 뒤로 물러나 서서 떨어지는 생각과 감정을 의도적으로 그냥 그대로 두고 그저 바라봅시다. 하나의 생각이 떠올랐을 때 한 발짝 뒤로 물러서서 그 생각을 자세히 살펴보면 일의 우선순위를 알 수 있고 당신이 정말 해야 할 일이 무엇인지 명확하게 선택할 수 있습니다.

그림 7-3 생각과 감정의 폭포수 안에서 벗어나 바라보기

3) 극장 스크린에 비유하기

마음속에서 일어나는 생각을 알아차리기 위해 당신은 혼자 영화관에 앉아 있습니다. 빈 스크린을 보고 있고 그 스크린에서 단지 어떤 생각이 떠오르기만을 기다립니다. 생각이 떠올랐을 때, 그것이 무엇인지, 정확히 어떤 일이 벌어지고 있는지 알 수 있나요? 생각들 일부는 우리가 알아차리면 바로 사라지기도 합니다. 이제 당신은 빈 스크린에서 영화가 상영될 때만 그것을 보기로 결심할 수 있습니다.

4) 생각을 생각으로 알아차리고 이름표(애칭) 붙여 보기

우리가 자주 하게 되는 생각에 이름을 붙이는 것도 마음속에 생각이 떠오르는 것을 알아차리는 데 도움이 됩니다. 우리 머릿속에 반복적으로 떠오르는 생각들을 보게 되면, 우리는 더 이상 그 생각에 끌려 다니지 않을 수 있습니다. 예를 들어, '내가 얼마나 열심히 일하는지 아무도 알아 주지 않아.'와 같은 생각들이 머릿속에 반복적으로 떠오를 때 이를 '늘 떠오르던 생각(애칭)일 뿐이야.'라고 생각하는 것입니다.

5) 자신의 생각을 종이에 적어 보기

- 감정에 압도되는 방식에서 벗어나 보다 있는 그대로를 볼 수 있게 된다.
- 생각을 한 다음 그것을 적을 때까지 잠깐 멈춰 있는 동안 그 의미를 숙고할 순간을 줄 수 있다.

6) 스스로 질문해 보기

- 지금 나는 어떤 감정을 느끼는가?
- 어떤 기분이 이런 생각을 하게 만들었나?
- 피곤하지 않았다면 이렇게 생각했을까?
- 지금 기분과 달리 기분이 좋았다면 어떻게 생각할까?

7) 생각 확대하기

마음속에 떠오르는 부정적인 생각과 심상들을 자각하게 되었을 때, 부드러운 관심과 호기심을 갖고 그 생각들을 바라봅니다. 자각한 것을 다음 중 한 가지 이상의 생각에 확대해 보십시오(각 생각을 살펴본 후 호흡으로 되돌아가십시오).

- 혹시 내가 생각을 사실과 혼동하고 있는가?
- 혹시 내가 작은 것을 확대해서 생각하고 있는 것은 아닌가?
- 혹시 내가 최악의 상황이 일어날 거라고 생각하고 있는가?
- 혹시 내 잘못이 아닌 것으로 나를 비난하고 있는가?
- 혹시 내가 완벽함을 기대하고 있는가?
- 혹시 내가 장점은 잊어버리고 단점에만 초점을 맞추고 있는가?

5. 부정적인 생각을 깨달았을 때

생각이 너무 부정적이라서 직접 주의를 기울이는 것이 어려운 경우, 다음에 제시된 방법들을 사용해 봅시다.

부정적인 생각들은 신체에 영향을 미칠 수 있습니다. 그리고 이러한 생각들은 특정 감정들과 밀접한 관련이 있으므로, 그러한 생각을 불러 일으키는 감정에 집중을 해 봅니다.

- 신체에 강한 감각이 오는 부분을 자각하고 살피기
- 숨을 내뱉으면서 "괜찮아."라고 말하며 열린 마음(open mind) 갖기
- 긴장하지 말고 부드럽게 숨을 내뱉기
- 편안하게 느껴지면 호흡으로 되돌리거나 몸 전체에 집중하기
- 실패한 결과에 집중하는 생각들에서 현명하게 선택할 수 있는 질문들을 머릿속으로 떠올리기
  - → '나는 아무짝에도 쓸모가 없어.' 또는 '나는 어떤 것도 제대로 끝마치지 못할 거야.'
  - → '특히 지금 이 순간에 내가 느끼고 있는 것은 무엇인가' 또는 '사실은 내가 너무 불안하고 걱정이 되고 긴장돼서 혼란스러운 거야.'

6. 마음챙김 명상 2: 호흡 명상

- 등이 곧은 의자나 부드러운 마룻바닥에서 엉덩이 밑에 쿠션이나 낮은 의자를 대고 편안한 자세로 앉으십시오. 만일 의자를 사용한다면 척추가 자력으로 지탱할 수 있도록 의자에 등을 대지 않는 것이 도움이 됩니다. 마룻바닥에 앉는다면 무릎을 바닥에 대는 것이 좋습니다. 쿠션이나 의자의 높이를 편안하고 잘 고정되도록 조정하십시오.
- 등을 똑바로 세우고 위엄 있고 편안한 자세를 취하십시오. 의자에 앉았다면 발을 바닥에 대고 다리는 교차시키지 않습니다. 부드럽게 눈을 감습니다.
- 바닥이나 앉아 있는 곳과 접촉하는 신체에 닿는 촉감이나 압력에 집중시킴으로써 신체감각을 자각하십시오. 신체감각을 1~2분 정도 탐색하십시오.
- 호흡을 들이쉬고 내쉬면서 아랫배에 느껴지는 신체감각의 변화 패턴에 주의를 기울이십시오. 처음 이 연습을 할 때 아랫배에 손을 대고 손이 배와 접촉한 곳의 감각 변화를 자각하는 것이 도움이 될 수 있습니다. 이런 방식으로 배의 신체감각을 의식하게 되면 손을 떼고 계속해서 배의 감각에 초점을 맞춥니다.
- 숨을 들이쉴 때 아랫배가 약간 들어가고 숨을 내쉴 때 아랫배가 부드럽게 나오는 감각에 초점을 맞추십시오. 가능한 한 최선을 다해 아랫배에서 숨을 들이쉬는 전 과정과 내쉬는 전 과정, 그리고 한 번 들이쉬고 내쉬는 사이의 잠깐 멈추는 순간과 내쉬고 들이쉬는 사이 호흡이 멈추는 순간의 신체감각의 변화를 자각하십시오.
- 어떤 방식으로든 호흡을 통제할 필요는 없습니다. 단지 숨 쉬는 대로 호흡을 그냥 두십시오. 교정해야 하거나 특별히 도달해야 할 필요가 있는 상태도 없습니다. 가능한 한 최선을 다해 경험한 것을 바꾸려 하지 말고 그대로 두

십시오.

- 조만간 당신의 마음은 아랫배의 호흡에서 벗어나 생각이나 계획, 백일몽 같은 것으로 떠돌아다닐 것입니다. 이런 것은 모두 다 괜찮습니다. 그것은 단지 마음이 그렇게 하는 것이며 실수나 실패한 것이 아닙니다. 주의가 더 이상 호흡에 있지 않다는 것을 알게 되었을 때 조용히 자신에게 축하를 보내십시오. 당신은 이제 돌아왔고 경험을 다시 한번 자각하게 된 것입니다! 그리고 아랫배의 신체감각이 변화하는 패턴을 부드럽게 자각하고 계속되는 들숨과 날숨에 주의를 기울이려는 의도를 새로이 하십시오.

- 그러나 당신은 자주 마음이 돌아다니는 것을 알게 될 것입니다. 가능한 한 매 순간 주의를 부드럽게 호흡으로 되돌리면서 순간의 경험과 재연결시킬 때마다 자축하고, 들숨과 날숨 때 변화하는 신체감각의 패턴을 자각하십시오.

- 반복적으로 마음이 돌아다니는 것을 당신의 경험에 인내와 호기심을 가져다주는 기회로 보고 온정적으로 받아들이십시오.

- 매 순간을 자각하려는 의도를 때때로 환기시키면서, 그리고 마음이 더 이상 배나 호흡에 머물지 않고 돌아다니는 것을 알아차리는 순간마다 호흡을 지금, 여기에 연결시키는 닻으로 사용하면서 15분 혹은 그 이상 연습을 계속하십시오.

7회기 요약 생각이 사실은 아니다

• 이번 회기에서는 왜 우리가 판단을 하지 말아야 하는지를 다루어 보았다. 이전까지는 생각이 감정에 미치는 영향에 대해서 주로 다루어 보았다면, 이번 회기에서는 감정이 생각에 미치는 영향에 대해서 살펴보면서 생각은 단지 생각일 뿐이며 진리로 여기는 것을 경계할 필요가 있겠다는 것을 살펴보았다. 그리고 부정적인 생각과 감정에 주의를 기울이는 방법과 여기서 벗어날 수 없을 땐 어떻게 해야 하는지를 다시 짚어 보자.

　－ 마음챙김 명상하기
　－ 한 발짝 떨어져서 관찰하기
　－ 극장 스크린에 비유하기
　－ 생각을 생각으로 알아차리고 이름표(애칭) 붙여 보기
　－ 자신의 생각을 종이에 적어 보기
　－ 스스로 질문해 보기
　－ 생각 확대하기

• **주요 마음챙김 명상:** 정좌명상, 호흡 명상

📖 **오늘의 과제**

1. 주요 연습(매일 한 가지 이상)
• 마음챙김 명상하기(자기 연민 명상, 정좌명상, 바디스캔 명상, 호흡 명상 등)

2. 짧은 연습
• 3분 호흡(하루 세 번, 스트레스를 받을 때마다)
• 5분간 듣기/보기, 잠시 멈춤, 발바닥의 감각에 주의를 기울이기

3. 일상에서의 연습
• 일상에서 하나의 활동(식사할 때, 칫솔질할 때, 샤워할 때, 옷을 입을 때, 운전할 때, 쓰레기를 버릴 때, 쇼핑할 때 등)을 골라서 먹기 명상(견과류 명상)을 했던 것과 같이 그 행동을 할 때마다 순간순간 알아차릴 수 있도록 의도적으로 노력합니다.

재발방지

학습
목표 불안이나 우울이 재발할 때 나타나는 초기 재발 신호들을 살펴보고,
재발을 방지할 수 있는 여러 가지 방법을 익혀 봅시다.

1. 마음챙김 명상: 자비와 친절에 관한 명상

- 몸을 의식합니다. 지금 여기에 일어나는 일에 뿌리를 내립니다. 가슴에서 숨 쉬는 느낌에 주의를 둡니다. 심장으로 숨이 흘러 들어오고 심장에서 흘러 나가는 것을 상상해 보세요. 한 손을 가슴 위에 놓아 볼 수도 있습니다.

- 주변에 좋은 느낌을 주는 하나 또는 그 이상의 존재를 마음에 떠올려 봅니다. 친구, 가족, 반려동물 등 당신을 좋아하거나 사랑하는 그들에게서 받는 좋은 느낌에 집중합니다. 만일 주의가 어떤 상황이나 문제들로 옮겨 간다면, 주의를 돌려 당신을 염려하는 이들과 함께하는 단순한 느낌에 맞춥니다. 이들 느낌에 마음을 열고, 자신 안으로 받아들이세요.

- 후견인, 당신이 고마워하는 누군가를 고릅니다. 이 존재를 가슴에 품고, 스스로에게 다음 경구들을 말해 봅니다. "당신이 안전하길, 당신이 건강하길, 당신이 행복하길, 당신이 편안하길." 따뜻한 느낌을 의식합니다. 다른 말들을 해 볼 수도 있습니다. 또는 단순히 말 없는 배려와 선한 소망 속에 안식합니다.

- 친구, 당신이 좋아하는 또는 사랑하는 누군가에게 이것을 해 봅니다. "당신이 안전하길, 당신이 건강하길, 당신이 행복하길, 당신이 편안하길." 자비와 친절의 느낌이 자신의 의식을 채우도록 놓아둡니다. 그것들이 당신 안으로

퍼져 나가는 것을 느낍니다.

- 중립적인 사람, 이웃이나 직장 동료, 또는 거리에서 지나치는 낯선 이에게 이것을 해 봅니다. 이 사람을 위한 자비와 친절함을 찾아보세요. "당신이 안전하길, 당신이 건강하길, 당신이 행복하길, 당신이 편안하길."

- 자신에게 이것을 해 봅니다. "내가 안전하길, 내가 건강하길, 내가 행복하길, 내가 편안하길." 원한다면, 자신의 이름을 써도 좋습니다. 어쩌면 앞에 당신 자신이 서 있는 상상을 해 볼 수도 있습니다. 이들 따뜻한 소망이 당신 안으로 가라앉는 느낌을 가져 보세요. 마치 소망을 자신 안으로 받는 것처럼 말입니다.

- 당신에게 맞지 않는 어떤 사람에게 이것을 해 봅니다. 우선, 조금만 안 맞는 그런 사람부터 시작합니다. 당신에게 반하는 그의 성격이나 어떤 부분들 아래에 괜찮은 부분이 있는 본성을 상상하면 도움이 될 수도 있습니다. 원래는 그렇지 않았는데, 원래 그런 의도는 아니었을 수도 있는데. 나아가 그가 어린아이라고 상상하세요. 갓난아기도 좋습니다. 우리는 의견이 다르거나 반대하는 사람들을 위해서도 자비와 선한 소망을 가질 수 있습니다. 이것을 소망해 봅니다. "당신이 안전하길, 당신이 건강하길, 당신이 진심으로 행복하길, 당신이 편안하길."

- 그리고 자비와 친절함 속에서 단순히 쉽니다. 당신으로부터 바깥으로, 특정한 누구를 향한 것이 아닌 동심원을 그리는 어떤 물결이 퍼져 나갑니다. 따듯함과 선한 마음속에서 쉽니다. 그리고 사랑, 사랑이 당신 속에 가라앉고 당신은 사랑 안으로 가라앉습니다.

출처: Hanson (2020), p. 120에서 발췌 후 수정.

2. 활동과 기분은 어떻게 연관되어 있는가

1) 일상적인 활동과 기분이 어떻게 연관되어 있는지 생각해 보기

• 일상적인 일을 하면서 각자 무엇을 하는지 잠깐 생각해 봅시다. 저녁이나 주말은 어떤가요? 그때 여러분은 어떤 활동(예: 동료와 이야기 나누기, 커피 마시기, 점심 식사하기 등)을 하나요?

•
•
•
•
•
•
•
•

• 앞에 정리한 활동이 나의 기분을 고양시키는지, 나에게 힘을 주는지, 나에게 자양분이 되는지 혹은 살아 있는 느낌을 증가시키는지? 만약 그렇다면 그 옆에 '+'를 기재해 봅니다.

• 앞에 정리한 활동이 나의 기분을 가라앉게 하는지, 나의 에너지를 빼앗는지, 또는 살아 있다는 존재감을 감소시키는지? 그렇다면 '−'를 기재해 봅니다.

2) 부정적인 활동을 거리 두고 바라보기

일반적으로 부정적인 활동은 더 많이 인식하게 됩니다. 그리고 자신을 위한 시간을 내는 것을 어렵다고 느끼고 흔히 죄책감(예: "끊임없이 열심히 하지 않으면 뒤처지게 될 것 같아." "나를 위한 시간을 내기가 어려워.")을 느낍니다. 이 때, 이 상황을 그대로 두어 바라보고 인식하여 알아차린 뒤 해 볼 수 있는 다른 활동을 적어 봅시다.

예) • 뭔가 다르게 되기를 바란다.
  • 우리에게 무슨 일이 일어나는지 잘 알아차리고 바쁜 일상 중에서 주의를 잘 집중하려면 먹기 명상이나 호흡 명상을 시작하면 된다.
  • 일이 너무 눈코 뜰 사이 없이 바빠서 자신을 돌볼 여지가 없다고 해도 '잠시 여유를 찾는 것'은 가능하다.

• ....

• ....

• ....

• ....

• ....

3. 부정편향

1회기에서 언급한 부정편향에 대해서 다시 떠올려 봅니다. 이는 스트레스를 받은 경험들이 우리의 기억에 쉽게 각인되는 경향으로서 생존을 위해서 적응한 뇌의 기억저장 양식입니다. 우리는 걷다가 꽃을 보았어도 알아차리지 못하고 지나간다면 기억이 잘 나지 않을 수 있습니다. 앞으로는 마음챙김을 통해서 매일 경험하는 중립적 혹은 긍정적인 순간에 보다 주의를 기울이고 알아차리는 연습을 통해 보다 즐거운 기억들을 늘려가 보도록 합니다.

그림 8-1　　개나리

4. 마음의 문제 해결 양식: 간호사 A씨의 사례

3교대 간호사인 A씨는 일하는 내내 정신없는 하루를 보낸다. 물품 확인을 하며 하루를 시작하여 그 동안의 환자 확인을 하고 그날의 일을 정리하면서 동시에 새로 생기는 일을 처리하느라 자리에 앉을 틈이 없다. 화장실을 갈 틈조차 내기 어려워 휴식시간은 꿈도 꾸기 어려우며 명상하기 위한 시간도 내기 어렵다. 하지만 어느 날, 바쁜 와중에도 작은 여유를 가질 수 있다는 것을 깨닫게 되었다.

이 날은 다른 부서에 연락이 닿지 않아 환자 처치가 늦어질까 조마조마한 날이었다. 연락이 되지 않아 기다려야 하는 것은 몸과 마음을 지치게 만들었다.

이때, A씨는 '조바심을 내든 안 내든, 일은 절차대로 기다려서 진행될 수밖에 없다'는 생각을 하고는 잠시 멈출 수 있게 되었다. A씨는 서두르지 않고 1분 동안 잠시 멈추었다. 바쁜 일과 속에서 A씨는 잠시 침묵해 보는 시간을 가지면서 이 시간을 호흡 훈련을 할 수 있는 기회로 활용하기 시작한 것이다. A씨는 이후에도 병실 순회를 하며 긴 복도를 걸을 때, 카트 정리를 하면서 시간을 보내야 할 때에도 잠깐 뒤로 물러날 수 있는 시간을 갖게 되었다.

A씨는 이전에는 명상 연습을 시간을 내서 해야 한다고 생각했고 휴식시간이나 짬이 나야만 할 수 있다고 생각했지만, 요즈음 A씨의 하루 일과 중 '잠시 비는 시간'에 자신의 생각, 감정 그리고 행동을 바꿀 수 있는 시간을 낼 수 있다는 것을 알았다.

5. 뇌의 신경가소성과 마음챙김 명상

우리는 1회기에서 우리 뇌가 신경가소성(neuroplasticity)을 갖기에 성장 및 재조직을 거쳐 스스로 신경망을 변화시키는 신경계의 적응(neural adaption)에 대해 배웠습니다([그림 8-2] 참조). 8주간에 걸친 체계적이고 꾸준한 마음챙김 명상 훈련을 통해서 우리의 뇌는 새로운 시냅스를 형성하여 신경회로를 만드는 신경계 적응과정을 거쳐 강화되었을 것입니다([그림 8-3] 참조). 하지만 앞으로의 재발방지를 위해서는 체계적이고 꾸준한 마음챙김 명상의 실천이 중요합니다.

앞으로의 할 일은 그동안의 연습으로 생긴 새로운 길을 일상에서도 실천해서 더 탄탄하게 만드는 것입니다. 처음에 길이 없던 풀숲 길에 사람들이 많이 다니면 이전의 길 대신 새로운 길이 생겨서 둘레길이 되는 것처럼 마음챙김 명상과 신경가소성을 통해 우리의 뇌 연결망도 더 건강한 방향으로 새롭게 변하는 것을 늘 기억하십시오.

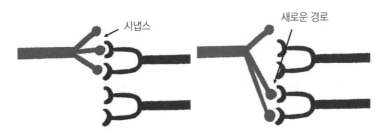

당신의 뇌 안, 수백만 개의 세포들은 다른 수백만 개의 세포들과 연결된다. 그리고 정보가 전달되는 길에 따라 '시냅스'를 형성한다.

명상이 작용하는 방식
'신경가소성'

시냅스

새로운 경로

그림 8-2   마음챙김 명상과 신경가소성

[그림 8-3]은 건강한 성인들에서 마음챙김 명상 훈련 이후에 활성도가 증가되거나 감소되는 뇌의 영역들과 그 증상들을 보여 줍니다. 앞에서 설명해 드린 것처럼, 마음챙김 명상을 꾸준히 시행한 후 전대상피질(anterior cingulate cortex: ACC), 복내측 전전두피질(ventromedial prefrontal cortex: vmPFC), 섬엽(insula) 같은 뇌의 영역들에서의 활성도는 크게 증가하며, 이는 예기 불안 또는 통증을 느끼는 신체감각의 감소 등과 관련이 있었습니다. 한편, 지속적이고 체계적인 마음챙김 명상 훈련 후 시상(thalamus) 영역에서의 뇌의 활성도는 상대적으로 감소하였으며, 이 또한 통증을 느끼는 신체감각의 감소와 연관이 있었습니다.

따라서 8주간의 꾸준하고 체계적인 마음챙김 명상 훈련을 통해서 여러분의 뇌도 [그림 8-3]처럼 변화되었을 것입니다. 그동안 함께 연습한 8주는 변화의 첫걸음이 되었습니다. 뇌의 신경가소성 원리에 따라 재발방지를 위해서는 앞으로 8주를 넘어 일상에서 지속적인 마음챙김 명상의 실천이 중요합니다.

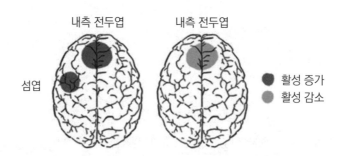

그림 8-3 건강한 성인들에서 마음챙김 명상 훈련 후 변화된 뇌의 영역 및 증상들

주: 영역의 활성이 증가되어 통증의 불편감(pain unpleasantness)과 예기 불안(anticipatory anxiety)이 줄어든다(좌측 그림). 영역의 활성이 감소되어 통증에 대한 정동반응(affective dimension of pain)이 완화된다(우측 그림).
출처: Nascimento, Oliveira, & DeSantana (2018)에서 발췌 후 수정.

6. 재발

불안장애나 주요우울장애는 흔하게 재발하는 질환입니다. 불안장애로 치료를 받는 환자들의 경우, 약물치료를 하게 되면 20~50%는 관해되지만 약물을 중단할 경우 불안장애가 재발할 확률은 25~85%가량입니다. 그리고 주요우울장애로 치료를 받으러 오는 사람들 중 50~85%가 최소한 1회 이상의 재발을 경험합니다. 그리고 불안장애나 주요우울장애의 재발이 여러 차례 반복될수록 다음번 재발의 위험이 증가하고, 회복하여 지내는 관해기는 짧아지게 됩니다. 다음은 재발에 관한 연구 결과의 요약입니다. 다음의 내용을 염두에 두고 재발을 알아차리고, 이를 미리 방지하기 위한 여러 가지 방법을 꾸준히 실천해 봅시다.

1) 장기간 관찰

- 30~40%: 무증상
- 50%: 일상생활에 지장이 없는 공황과 연관된 잔류 증상
- 10~20%: 호전되지 않음

2) 관해와 재발

- 약물치료 시 관해 비율: 20~50%
- 약물 중단 후 재발률: 25~85%

3) 치료 결과에 대한 예측 인자(마음챙김에 방해되는 요인)

- 광장공포증
- 성격 요인
- 과도한 걱정(excessive worry)에 집착하는 그 자체
- 동반된 우울증
- 불안 민감도

4) 치료 실패의 고위험 요소

- 정신건강의학과적 공존 질환
- 의학적 공존 질환
- 과로와 탈진
- 스트레스(공황장애의 80%에서 촉진 요인)
- 음주

7. 재발 신호 확인하기

우울, 불안장애 환자들이나 불안도가 지나치게 높은 사람들은 이별(loss)이나 분리(separation)의 경험에 특히 취약합니다. 너무 놀라기도 하고 너무 슬퍼하기도 해서 과도한 반응이 일어나는 경우가 많습니다. 상실 후에는 부정(denial), 분노(anger), 타협(bargaining), 우울(depression) 또는 수용(acceptance)의 5단계의 감정적 변화를 경험하며 이러한 과정이 지나가야 극복이 가능한데, 문제는 시간이 필요합

니다. 시간이 얼마 안 되었을 때 우울, 불안장애 환자들은 고민을 계속하게 되는데, 이 때 우울감이 심해지고 부정적인 인지적 왜곡과 반추(rumination)를 반복하게 됩니다. 이는 스스로가 그 고민이 되는 사건들에 대해서 의미를 과하게 부여하고 있다는 것을 의미합니다. 고민을 한다는 것은 반추가 일어나고 있으니 내려놓으라는 신호일 수 있습니다. 이제까지 배운 대로 내려놓고 가는 것을 보십시오. 고민하면 답이 나올 것 같은 것은 착각입니다. 배운 대로 아프지만 고민 말고 받아들이고 내려놓으면 좀 덜 아픕니다.

우리의 인생사에서는 저마다 다양한 일들을 경험하면서 희로애락의 감정을 가지는 것이 보편적이고 정상적인 것입니다. 즉, 기쁜 일들이 있다면 다음번에는 안 좋은 일도 있기 마련입니다. 여러분들이 일상에서 직장에서의 대인관계적 어려움, 이혼이나 사별의 경험, 경제적 어려움을 겪으며 마음이 불편한 것이 자연스러운 반응입니다. 이것도 받아들여야 합니다.

한편, 불안하거나 우울감이 심한 환자들이 '멍 때리기'를 하는 것이 재발을 방지하는 데에 과연 좋을까요? 건강한 사람들에서는 멍 때리기를 하면 창의성이 증가되고 일의 효율성이 올라가기도 합니다. 하지만, 불안감이나 우울감이 심할 땐 오히려 멍 때리기를 하면 여러 가지 신경망들 중에서 내정상태 신경망이 활성화되는데, 이 때 마음의 방황(mind-wandering)이나 반추(rumination)가 더 심해질 수 있습니다. 따라서 불안하거나 우울감이 심한 상태에서는 '멍 때리기'보다는 '마음챙김 명상'을 통해서 돌출정보 신경망 혹은 실행 신경망을 활성화시켜 불안감이나 우울감을 유발하는 상황을 있는 그대로 수용하고 받아들이는 것이 오히려 재발 방지를 위해서 중요합니다.

공황장애 혹은 범불안장애 등이 있는 사람들은 과도하게 놀라거나 걱정이 많기 때문에 그럴만한 것들은 가끔 피하는 것이 좋을 때도 있습니다.

따라서, 여러분들은 다음의 내용들을 통해서 자신만의 재발 신호를 미리 검토하여 이를 미리 알아차리고, 재발을 예방할 필요가 있겠습니다.

1) 자신만의 재발 신호 검토하기

재발 신호는 사람들마다 다르게 나타납니다. 자신만의 재발 신호를 검토해 보세요. 불안감이나 우울감이 재발할 때 나타나는 나만의 경고 신호 목록을 만들어 보세요.

예) • 짜증이 날 때

• 사회적 활동이 줄어들 때(그냥 왠지 사람들을 만나고 싶지 않아질 때)

• 수면 습관 및 식습관이 변했을 때

• 쉽게 지칠 때

• 열심히 하던 운동을 포기할 때

• 해야 할 일을 처리하려 하지 않을 때

• 쉽게 긴장되고 불안해질 때

• 나쁜 일이 일어날 것만 같을 때

• 어떤 생각들이 머리에서 떠나지 않고 계속 맴돌 때

• 괜히 안절부절못할 때

• 사소한 일에도 과도하게 걱정하게 될 때

• 신체(몸) 컨디션 악화

• 불안한데도 커피(카페인)나 술을 마시거나, 충분한 잠을 자지

않을 때

•
....

•
....

•
....

•
....

•
....

•
....

•
....

•
....

2) 이러한 신호들에 예민해지지 않고 자각하기

(1) 재발 신호를 자각하는 것을 방해했던 과거의 요소들이 무엇이었는지
떠올려 보세요.

예) • 불안하니까 괜히 부산스럽게 이것저것 정신을 분산시켰
었다.

• 술을 마시면 마음이 편해지는 것 같아서 끊었던 술을 마
시고 잊어버리려고만 했었다.

• 짜증이 많아져서 다른 사람들과 괜한 논쟁에 휘말리고 주
변 사람들을 비난했었다.

• 마음을 알아차리려고 해도 업무가 워낙 많아서 업무에만
매몰되었다.

- ....

- ....

- ....

- ....

- ....

- ....

- ....

- ....

(2) 스스로 알아차린 재발 신호를 주변에 알리고 도움을 받습니다.

예) • 가족이나 친구들에게 자신의 재발 신호에 대해 알립니다.
     - "이번 주에 일이 많아서 잠을 며칠 못 잤더니 불안이 조금씩 느껴져."
     - "요즘 들어 예민해진 것 같고 안절부절못하는 것 같아."

8. 우울이나 불안과 같은 저조한 기분을 어떻게 잘 다룰 수 있는가

1) 잠시 숨을 돌리며 호흡하기

• 생각이 흘러가게 놔두는 것이 중요하다는 점을 기억하십시오.

- '잠시 멈춤'을 도와주는 호흡을 통해 '생각이 사실이 아니다'라는 여유를 가지십시오.
- 호흡은 생각이 흘러가도록 도울 수 있으며 불안에서 벗어나는 첫 걸음으로 잠시 호흡을 가다듬으십시오.

2) 과거에 가장 잘하고 유용하다고 생각했던 연습 중 하나 선택하기

예를 들어, 앞의 회기에서 제시한 명상이나 호흡법, 프로그램 시간 동안 읽었던 것 중에서 감명 깊었던 부분을 회상하십시오.

3) 스스로 질문하기

- "나는 단지 지금 불안할 뿐이지 이 기분에 계속 빠져 있어야 하는 건 아니야!"
- "지금 당장 나 자신을 잘 돌보기 위해서는 어떤 것을 할 수 있는 가?"(나 자신을 돌보는 목록 확인하기)

4) 자신을 사랑하기, 어떤 것이든 즐거운 것을 하기

(1) 당신의 몸을 친절하게 대하라
- 따뜻한 목욕을 즐기십시오. 낮잠을 자고, 죄책감을 느끼지 말고 좋아하는 음식을 먹으십시오. 당신이 좋아하는 운동을 하십시오.

(2) 즐거운 활동을 시작하라

- 산책하러 가십시오. 친구를 만나십시오. 당신이 좋아하는 취미활동을 하십시오. 요리하십시오. 쇼핑하러 가십시오. 재미있거나 기분을 좋게 하는 TV를 보십시오. 당신에게 좋은 느낌을 주는 음악을 들으십시오.

5) 자신을 사랑하기, 만족감이나 숙달감을 줄 수 있는 어떤 활동을 하기

- 이와 같은 활동은 성취감을 주고 '일하고 있다'는 느낌이 들게 함으로써 우리를 성장하게 합니다.
- 집 안을 청소하십시오. 찬장이나 서랍장을 비우십시오. 세금을 지불하십시오. 미뤄 왔던 일을 해 보세요.

6) 마음에 집중하면서 행동해 보기

지금 하고 있는 것에 그냥 모든 초점을 맞춰 보세요. 당신이 머무르는 매 순간에 있으면서 현재의 당신에 마음을 둡니다. 바로 지금, 여기(here and now)를 인식해 봅니다.

7) 술도, 카페인도 마시지 않기

일시적인 위안을 주는 것 같은 술은 결과적으로 우울, 불안을 악화시키는 요인이 됩니다. 술, 카페인의 영향으로 다음날 공황발작이 생길 때도 있기 때문입니다. 술을 찾게 될 때 잠시 멈추고 그 순간을 지나보

내 봅시다.

8) 규칙적으로 생활하기

일어나서 물 마시기, 일정한 시간에 출근하기, 저녁 먹고 산책하기처럼 일상에서 규칙적인 활동을 정해 두고 생활해 봅니다. 규칙적인 생활은 걱정을 줄여 주고 마음의 산만함을 줄이는 데 도움이 됩니다.

9. 재발 신호에 대처하기

앞서 검토했던 자신만의 재발 신호, 재발 목록이 다시 나타난다면 다음의 활동을 해 봅시다.

1) 잠시 호흡에 집중하기

호흡은 언제 어디서나 우리와 함께하는 신체활동입니다. 재발 신호가 느껴질 때 호흡을 닻으로 활용하십시오.

2) 예전에 가장 도움이 됐다고 생각했던 마음챙김 명상 중 하나를 연습하기

예를 들어, 명상이나 호흡법, 프로그램 시간 동안 읽었던 것 중에서 감명 깊었던 부분을 회상합니다. 지금 눈앞의 풍경을 보며 보기 명상을 할 수 도 있고, 지금 들리는 소리에 주의를 기울여 듣기 명상을 해 볼 수도 있습니다. 내 신체감각에 주의를 기울이는 신체감각 살피기 명상 등 어느 명상도 괜찮습니다.

3) 즐거움이나 숙달감을 주는 활동하기

미뤄 왔던 책상 정리, 가까운 동네 산책하기, 시원한 물 한 잔 마시기 등 일상의 활동을 해 봅시다.

4) 마음에 집중하면서 행동하기

지금 자신의 마음상태를 점검하고(일기를 쓰거나 글로 적어 보는 것도 좋습니다), 떠나가지 않는 걱정이라면 마음속에 구름의 형상을 떠올린 후, 그 위에 걱정을 적고, 구름이 흘러가는 상상을 해 보셔도 좋습니다.

10. 재발 신호에 대처하기 위한 몇 가지 조언

- '이 일을 하면 마음이 불편할 거야.' '이것은 나한테 악영향만 줄 텐데……'라며 미리 편견을 갖지 말고, 우선 열린 마음으로 받아들여 봅니다.
- 좋아하는 몇 가지 활동에만 자신을 제한하지 마세요. 가끔 새로운 행동을 시도하는 것은 그 자체로도 흥미로울 수 있습니다.
- 기적을 기대하지 맙시다. 상황을 극적으로 바꾸어 줄 무언가를 기대하면서 스스로 또 다른 압력을 가하는 것은 현실적이지 않습니다.

11. 재발을 방지하기

1) 초기에 재발 신호를 알아챌 수 있도록 준비하라

- 자신만의 재발 신호에 대해 알아 둡니다.
- 재발 신호를 알아채는 걸 도와줄 수 있는 사람을 알아 둡니다.

2) 초기 재발 신호에 대처하라

- 호흡 → 명상 → 기분을 좋게 하는 활동 → 마음에 집중하면서 행동하기
- 재발의 위험에 놓인 나에게 편지 쓰기
  - 편지에 자신의 장점 다섯 가지를 적어 보십시오.
  - 나중에 자신이 이 편지를 읽을 때의 반응을 미리 적어 보십시오.
  - 마음챙김 명상 중 가장 도움이 될 것을 적어 보십시오.
  - 자신에게 즐거움이나 숙달감을 주는 행동의 목록을 작성하고, 최소한 한 가지를 선택해서 하라는 지침을 적어 보십시오.
  - 편지를 봉하고, 초기 재발 신호를 알아챘을 때 열어 보십시오.

3) 오늘 그냥 즐길 수 있는 어떤 것을 하라

- 친구에게 전화하기
- 재미있는 비디오 빌려 보기
- 편안하고 뜨거운 목욕을 하면서 편히 쉬기

- 낮잠 자기
- 죄책감을 느끼지 않고 좋아하는 음식 먹기
- 좋아하는 따뜻한 음료 마시기
- 산책하기(강아지나 친구와 함께)
- 친구네 집 가기
- 좋아하는 취미생활 하기
- 좋아하는 사람과 함께 시간 보내기
- 저녁 요리하기
- 쇼핑하기
- 텔레비전에서 기분을 좋게 하거나 재미있는 프로 보기
- 즐거움을 주는 책을 읽기
- 좋아하는 음악 듣기

4) 숙달감과 만족감, 성취감 또는 통제감을 주는 활동을 하라

- 집의 한 부분 청소하기(20분 이내)
- 찬장이나 서랍 정리하기
- 그동안 못 썼던 편지 쓰기
- 세금 내기
- 정원 가꾸기
- 미루어 두었던 일하기
- 운동하기

5) 큰일들을 작게 나누어서 하고(예: 10분 동안만 그 일을 하기), 마친 후에 자신을 칭찬해 주라

마음챙김 창시자 존 카밧진(Jon Kabat-Zinn) 박사는 다음과 같이 이야기했습니다.

"진정한 8회기는 우리 삶의 나머지 부분이다."

-존 카밧진

이번 워크북을 통해 알게 된 뇌과학을 참고해서 마음챙김이 여러분의 삶에 더 스며들기를 응원합니다.

8회기 요약 재발방지

- 그 동안 뇌과학을 배우고 마음챙김을 연습해 왔다. 많은 내용을 배웠지만 중요한 점은 때로 단순하다. 재발방지에 중요한 건 꾸준한 마음챙김 명상이다.

- 뇌과학에서는 꾸준한 마음챙김 명상 이후 긍정적인 뇌의 변화를 보고한다. 때로 다 나은 줄 알았던 공황발작이 다시 있을 수 있고 재발의 공포로 혼란스러운 순간이 있을 수 있다. 그러나 그 동안 배운 점을 떠올리며 규칙적인 생활, 꾸준한 마음챙김을 유지하라. 꾸준한 마음챙김 명상을 해 나가는 것만으로도 그 동안 배우고 연습해 온 것들이 당신을 도울 것이다.

- "진정한 8회기는 우리 삶의 나머지 부분이다."라는 존 카밧진 박사의 말을 기억하며 일상에서 마음챙김과 함께하기를 바란다.

- **주요 마음챙김 명상**: 자비와 친절에 관한 명상

📖 **앞으로의 과제**

1. 마음챙김 명상 한 가지: 정기적 연습

• 마음챙김 연습 중 떠오르는 생각이나 어려운 점들을 기록해 보십시오.

2. 호흡 명상: 대처방식으로써 연습하기

• 불쾌한 기분이 들 때마다 연습하시기를 바랍니다.

3. 재발 신호를 탐지할 수 있는 경고 체계를 개발하기

4. 재발 신호에 사용할 수 있는 행동 계획을 개발하기

참고문헌

김재진, 김지웅, 정범석, 이은, 석정호, 이상혁(2007). 뇌영상과 精神의 이해. 서울: 중앙문화사.

대한신경정신의학회(2017). 신경정신의학(제3판). 서울: 아이엠이즈컴퍼니.

American Psychiatric Association (APA). (2013). *Diagnostic and statistical manual of mental disorders* (5th ed.). 권준수 외 공역(2015). DSM-5 정신질환의 진단 및 통계 편람(제5판). 서울: 학지사.

Bayes, J., Schloss, J., & Sibbritt, D. (2022). The effect of a Mediterranean diet on the symptoms of depression in young males (the "AMMEND" study): A Randomized Control Trial. *The American Journal of Clinical Nutrition*, *116*(2), 572-580.

Brahm, A. (2005). *Who ordered this truckload of dung?: Inspiring stories for welcoming life's difficulties*. 류시화 역(2013). 술 취한 코끼리 길들이기: 마음 속 108마리 코끼리 이야기. 서울: 연금술사.

Constance, H. (1979). Paul MacLean and the Triune Brain: NIMH scientist believes that to understand ourselves, we have to figure out what our animal brains are up to. *Science, 204*(4397), 1066-1068. DOI: 10.1126/science.377485

Davidson, R. J., & McEwen, B. S. (2012). Social influences on neuroplasticity: stress and interventions to promote well-being. *Nature Neuroscience, 15*(5), 689-695.

Edition, F. (2013). Diagnostic and statistical manual of mental disorders. *American Psychiatric Association (APA), 21*(21), 591-643.

Ellard, K. K., Barlow, D. H., Whitfield-Gabrieli, S., Gabrieli, J. D., & Deckersbach, T. (2017). Neural correlates of emotion acceptance vs worry or suppression in generalized anxiety disorder. *Social Cognitive and Affective Neuroscience, 12*(6), 1009-1021.

Forsyth, J. P., & Eifert, G. H. (2008). *The Mindfulness and Acceptance Workbook for Anxiety: A Guide to Breaking Free from Anxiety, Phobias, and Worry Using Acceptance and Commitment Therapy.* 이선영, 한호성, 정은영 공역(2009). 마음챙김과 수용중심: 불안장애치료의 실제. 서울: 시그마프레스.

Forsyth, J. P., Fusé, T., & Acheson, D. T. (2009). INTEROCEPTIVE EXPOSURE 41 FOR PANIC DISORDER. *General principles and empirically supported techniques of cognitive behavior therapy,* 394.

Goleman, D. (2011). *The brain and emotional intelligence: New insights* (Vol. 94). Northampton, MA: More than sound.

Hanson, R. (2020). *Neurodharma: New science, ancient wisdom, and seven practices of the highest happiness.* 김윤종 역(2021). 뉴로다르마. 서울: 불광출판사.

Hoffman, R., & Gerber, M. (2013). Evaluating and adapting the Mediterranean diet for non-Mediterranean populations: A critical appraisal. *Nutrition Reviews, 71*(9), 573-584.

Hwang, Y. G., Pae, C., Lee, S. H., Yook, K. H., & Park, C. I. (2023). Relationship between Mediterranean diet and depression in South Korea: the Korea National Health and Nutrition Examination Survey. *Frontiers in Nutrition, 10*, 1219743.

Hwang, Y. G., Pae, C., Song, C. R., Kim, H. J., Bang, M., Park, C. I., ⋯ & Lee, S. H. (2023). Self-compassion is associated with the superior longitudinal fasciculus in the mirroring network in healthy individuals. *Scientific Reports, 13*(1), 12264.

Jung, H. Y., Pae, C., An, I., Bang, M., Choi, T. K., Cho, S. J., & Lee, S. H. (2022). A multimodal study regarding neural correlates of the subjective well-being in healthy individuals. *Scientific Reports, 12*(1), 1-10.

Kabat-Zinn, J. (1982). An outpatient program in behavioral medicine for chronic pain patients based on the practice of mindfulness meditation. *Theoretical considerations and preliminary results., 4*(1), 33-47. doi:10.1016/0163-8343(82)90026-3

Kim, J. E., Song, I. H., & Lee, S. H. (2017). Gender differences of stressful life events, coping style, symptom severity, and health-related quality of life in patients with panic disorder. *The Journal of Nervous and Mental Disease, 205*(9), 714-719.

Kim, M. K., Kim, B., Choi, T. K., & Lee, S. H. (2017). White matter correlates of anxiety sensitivity in panic disorder. *Journal of Affective Disorders, 207,* 148-156.

MacLean, P. D. (1990). *The triune brain in evolution: Role in paleocerebral functions.* Springer Science & Business Media.

McCorry, L. K. (2007). Physiology of the autonomic nervous system. *American Journal of Pharmaceutical Education, 71*(4), 78.

Nascimento, S. S., Oliveira, L. R., & DeSantana, J. M. (2018). Correlations between brain changes and pain management after cognitive and meditative therapies: a systematic review of neuroimaging studies. *Complementary Therapies in Medicine, 39,* 137-145.

Nekovarova, T., Fajnerova, I., Horacek, J., & Spaniel, F. (2014). Bridging disparate symptoms of schizophrenia: a triple network dysfunction theory. *Frontiers in Behavioral Neuroscience, 8,* 171.

Segal, Z. V., Williams, J. M. G., & Teasdale, J. D. (2002). *Mindfulness-based cognitive therapy for depression.* 이우경, 조선미, 황태연 공역(2006). 마음챙김 명상에 기초한 인지치료. 서울: 학지사.

Segal, Z. V., Williams, J. M. G., & Teasdale, J. D. (2012). *Mindfulness-based cognitive therapy for depression.* 이우경, 이미옥 공역(2018). 우울증 재발 방지를 위한 마음챙김 기반 인지치료. 서울: 학지사.

Shearer, S., & Gordon, L. (2006). The Patient with Excessive Worry. *South African Family Practice, 73*(6), 1049-1056.

Tang, Y. Y., Hölzel, B. K., & Posner, M. I. (2015). The neuroscience of mindfulness meditation. *Nature Reviews Neuroscience, 16*(4), 213-225.

Taren, A. A., Gianaros, P, J., Greco, C. M., Lindsay, E. K., Fairgrieve, A., Brown, K. W., Rosen, R. K., Ferris, J. L., Julson, E., Marsland, A. L., Bursley, J. K., Ramsburg, J., & Creswell, J. D. (2015). Mindfulness meditation training alters stress-related amygdala resting state functional connectivity: a randomized controlled trial. *Social Cognitive and*

Affective Neuroscience, 10(12), 1758–1768.

Willett, W. C., Sacks, F., Trichopoulou, A., Drescher, G., Ferro-Luzzi, A., Helsing, E., & Trichopoulos, D. (1995). Mediterranean diet pyramid: a cultural model for healthy eating. *The American Journal of Clinical Nutrition, 61*(6), 1402S–1406S.

Yerkes, R. M., & Dodson, J. D. (1908). The relation of strength of stimulus to rapidity of habit-formation. *Journal of Comparative Neurology and Psychology, 18*, 459–482.

저자 소개

이상혁(Sang-Hyuk Lee)

정신건강의학과 전문의
연세대학교 대학원 의학과 석사/박사
현 차의과학대학교 분당차병원 정신건강의학과 교수
차의과학대학교 분당차병원 정신건강의학과 교수이자 마인드풀니스/뇌영상 통합연구 임상연구실(CLIMB)의 연구책임자이다. 국내에서 최초로 마음챙김 기반 인지치료(Mindfulness-Based Cognitive Therapy: MBCT)를 시행하여 공황장애 환자 집단에서의 효과를 조사하는 임상 연구를 수행하며 지금까지 약 200건 이상의 SCI급 국외 학술 논문을 발표하였다. 2015년 연구개발부분 보건복지부장관상, 2016년 GSK 학술상 및 룬드벡 학술상, 2022년 대한불안의학회 학술상을 수상하였다. 현재 다양한 정신의학 관련 학회에서 활동하고 있으며, 대한생물정신의학회 부이사장을 맡고 있다.

박천일(Chun Il Park)

정신건강의학과 전문의
연세대학교 대학원 의학과 석ㆍ박사통합과정 박사
현 차의과학대학교 분당차병원 정신건강의학과 조교수

김현주(Hyun-Ju Kim)

정신건강의학과 전문의
차의과학대학교 의학전문대학원 의무석사
차의과학대학교 대학원 의학과 박사
현 차의과학대학교 분당차병원 정신건강의학과 임상강사

허율(Yul Heo)

정신건강의학과 전문의
차의과학대학교 의학전문대학원 의무석사
차의과학대학교 분당차병원 인턴, 정신건강의학과 레지던트
현 한림대학교 성심병원 입원전담 전문의

뇌과학을 이용한 마음챙김 기반
불안 · 우울 인지치료 워크북
Mindfulness-Based Cognitive Therapy Workbook for
Anxiety and Depression Using Neuroscience

2023년 11월 10일 1판 1쇄 인쇄
2023년 11월 20일 1판 1쇄 발행

지은이 • 이상혁 · 박천일 · 김현주 · 허율
펴낸이 • 김진환
펴낸곳 • (주) **학지사**

04031 서울특별시 마포구 양화로 15길 20 마인드월드빌딩
대표전화 • 02)330-5114   팩스 • 02)324-2345
등록번호 • 제313-2006-000265호

홈페이지 • http://www.hakjisa.co.kr
인스타그램 • https://www.instagram.com/hakjisabook

ISBN 978-89-997-3009-2 93180

정가 17,000원

저자와의 협약으로 인지는 생략합니다.
파본은 구입처에서 교환해 드립니다.

이 책을 무단으로 전재하거나 복제할 경우 저작권법에 따라 처벌을 받게 됩니다.

출판미디어기업 **학지사**
간호보건의학출판 **학지사메디컬** www.hakjisamd.co.kr
심리검사연구소 **인싸이트** www.inpsyt.co.kr
학술논문서비스 **뉴논문** www.newnonmun.com
교육연수원 **카운피아** www.counpia.com